Wohin
führt der Weg?

Adam Schaff

WOHIN FÜHRT DER WEG?

Die gesellschaftlichen Folgen der zweiten industriellen Revolution

Europaverlag
Wien · München · Zürich

Mit Unterstützung des Österreichischen Gewerkschaftsbundes

Umschlag von Wilhelm Kögl

Medieninhaber Europa Verlag GesmbH Wien

Hersteller Elbemühl Graphische Industrie GesmbH Wien
Verlags- und Herstellungsort Wien
Printed in Austria
ISBN 3-203-50909-1

Inhalt

Dem Andenken des grossen Humanisten
Aurelio Peccei widme ich dieses Buch

Adam Schaff

Vorwort

von Alexander King
Präsident des Club of Rome

Der Club of Rome wurde in den letzten zwölf Jahren infolge seiner Veröffentlichungen einer Reihe von immerhin elf Berichten über globale Fragen bekannt, deren erster der berühmte *Limits to Growth (Grenzen des Wachstums* – d. Übers.) war. Jeder diese Bände ist als ein Bericht *für* den Club of Rome bezeichnet worden, und nicht *von* ihm. Der Grund für diese augenfällige Nuance ist wichtig. Wir sind eine Gruppe von 100 Menschen aus vielen Ländern und von verschiedenster Herkunft; unsere Gruppe besteht aus Wissenschaftlern und Humanisten, westlichen Industriellen und Gelehrten der Dritten Welt, Kapitalisten und Marxisten. Während alle eine gemeinsame Anteilnahme an der Zukunft der Menschheit verbindet und man sich in jenen Fragen leicht einigen kann, die am dringlichsten eine breite öffentliche Diskussion erfordern, haben wir unvermeidlicherweise eine unterschiedliche Einstellung zu ihrer Lösung. Infolgedessen versuchen wir normalerweise nicht einmal, einen Konsens zu erreichen, sondern begnügen uns damit, die Fragen tiefgehend zu analysieren und zu präsentieren, um so eine Abschwächung der Argumente und einen Verlust an Schärfe zu vermeiden.

Wir beabsichtigen, weiterhin Berichte über Kernfragen von globalem Hauptinteresse zu publizieren; der nächste Bericht wird eine Studie von Elizabeth Mann Borgese über die Zukunft der Ozeane sein. Normalerweise basieren diese Berichte auf Studien, die von Mitgliedern durchgeführt oder an Experten von außen in Auftrag gegeben werden; in allen Fällen sind sie vom Exekutivkomitee des Clubs initiiert. In jedem einzelnen Fall soll beabsichtigt werden, Analysen von Situationen oder Problemen vorzulegen, die auf eine Beeinflussung der Politik durch Erhöhung des öffentlichen Bewußtseins in bezug auf diese

Frage abzielen, zu dem Zweck, politisches Handeln anzuregen.

Eines der Hauptkonzepte des Club of Rome ist das, was wir als Weltproblematik bezeichnen, nämlich daß die Probleme der heutigen Gesellschaft ein Gewirr von sich gegenseitig beeinflussenden Problemen bilden, die einzeln und isoliert nicht sinnvoll angegangen werden können. Unter den Hauptbelangen von heute gibt es viele Beispiele für solche Wechselbeziehungen. Die Tragödie der hungernden Massen in manchen afrikanischen Ländern etwa ist eine komplexe Angelegenheit, die politische, ökonomische, technische, ökologische und soziale Fragen involviert. Sie ist weit davon entfernt, eine bloße Konsequenz einer klimatischen Katastrophe zu sein, sondern beinhaltet Überbevölkerung, Erosion der Basis der Ressourcen als eine Folge früherer Dürrezeiten, die zur Unfruchtbarkeit des Landes führten, zum Fehlen einer ausreichenden Infrastruktur und vernünftiger Rehabilitierungspolitik, und, vor allem, zu einer fortdauernden und erniedrigenden Armut, die es unmöglich macht, sich den wechselnden Bedingungen flexibel anzupassen. Ähnlich komplexe Beziehungen bestehen im Hinblick auf viele andere Situationen, wie die der Energieversorgung, des Verschwindens der tropischen Wälder, der Bevölkerungsexplosion, des Umweltverfalls, der Weltnahrungsversorgung, der Veränderungen in der internationalen Teilung von Industrie und Arbeit, der Verfügbarkeit von Wasser, um nur einige zu erwähnen. Einer der Hauptdienste, die der Club of Rome leisten könnte, wäre ein Erkennen und, wann immer das möglich ist, ein Messen der Vielzahl von Interaktionen innerhalb der Weltproblematik. Zu diesem Zweck hoffen wir, von Zeit zu Zeit Studien präsentieren zu können, die weniger auf politischen Einfluß abzielen als auf eine Klärung der Faktoren, die in verschiedenen Bereichen der Unwissenheit innerhalb dieser Problematik wirksam sind. Diese werden in einer zweiten Serie von Berichten mit dem Titel *The Club of Rome Information Series – Contributions to the Understanding of the World Problematique* publiziert werden (*Die Club-of-Rome-Informationsreihe – Bei-*

träge zum Verständnis der Weltproblematik – d. Übers.). Der vorliegende Band ist der erste dieser Reihe.

Einer der neueren Berichte *für* den Club of Rome war die Studie *Microelectronics and Society – for Better or for Worse (Mikroelektronik und Gesellschaft – zum Besseren oder zum Schlechteren* – d. Übers.), herausgegeben von Adam Schaff und Gunther Friedrichs, publiziert im Jahr 1982. In einem Nachwort zu diesem Buch präsentierte Schaff seine Ansichten über die langfristigen sozialen Auswirkungen dieser neuen Technologie, besonders im Hinblick auf Beschäftigung und Freizeit und mit spezieller Bezugnahme auf die wahrscheinlichen Konsequenzen für die Bildung. In *Where are we Heading for (In welche Richtung gehen wir)* arbeitet er das gleiche Thema heraus, wobei er seine Reflexionen vertieft und erweitert. *Microelectronics and Society* beinhaltete eine wichtige Botschaft für Leute, die die Entscheidungen treffen, sowie auch für die informierte Öffentlichkeit. Es hob das außerordentliche Potential hervor, das diese Technologie für Wohlstand und Wohlbefinden des Menschen hat, warnte jedoch, daß naturgemäß viele schwierige Probleme entstehen würden und eine radikale Transformation der Gesellschaft erforderlich sei, falls die neuen Möglichkeiten vollständig realisiert werden sollten. Es war im wesentlichen ein Ansuchen an die Regierungen, weit vorauszublicken, Probleme zu erkennen, ehe sie ein kritisches Niveau erreichen, und mit der Unterstützung einer informierten Öffentlichkeit die Gelegenheiten, die die neuen Technologien bieten, mit Vorbedacht und bewußt zu nutzen, um eine bessere Gesellschaft zu formen, anstatt passiv eine bloße Anpassung, post facto, an ihre Konsequenzen aufgrund verspäteter Zweckmäßigkeit zu versuchen.

Nachdem diese Botschaft vermittelt ist, wäre es sinnlos, sie in einer anderen Form zu wiederholen. Trotzdem ist es äußerst notwendig, einigen Reflexionen auf den Grund zu gehen und die Überlegungen zu erweitern. Dies ist der Zweck des vorliegenden Bandes, der in erster Linie kein politisches Dokument im obenerwähnten Sinne ist, sondern vielmehr eines der Reflexion und der Spekulation des gesunden Menschenverstandes, das auf die Ermutigung zu einer intensiveren Beschäftigung mit dem Wesen der entstehenden Gesellschaft, dominiert von der neuen Welle der Technologie, hindeutet und auf das Provozieren anderer Gelehrter sowie der informierten Öffentlichkeit, die Art von Welt ins Auge zu fassen, die sie und ihre Kinder in späteren Jahren genießen und erleiden werden. Es setzt die Besorgnis des Autors weit über die Gedanken an Arbeit und Beruf in seinem früheren Essay hinaus fort, bis zu den Bereichen von Erziehung und Kultur, Gedanken über den Lebensstil und die Kultivierung eines »Sinn des Lebens«; es spekuliert auf interessante Weise über den Einfluß der neuen Entwicklungen auf religiöses Denken und die Anziehungskraft der Religion auf das Individuum; es beinhaltet eine Menge eindringlicher und sogar beunruhigender Diskussion über zukünftige politische Strukturen.

Professor Schaff ist einer der markantesten Denker der marxistischen Schule, und es ist daher unvermeidlich, daß er an das Problem der Auswirkung der neuen Technologien mit einer marxistischen Einstellung und vielen marxistischen Anspielungen herangeht. Manche Leser mögen auf den ersten Blick überrascht sein, daß der Club of Rome einer Arbeit dieses Charakters seine Zustimmung gibt. In Wirklichkeit sollte die Überraschung eine ganz andere sein, nämlich, daß eine zugegebenermaßen globale Gruppierung von Individuen, die Repräsentanten so vieler Kulturen und Ideologien umfaßt, bisher viele Berichte publiziert hat, die in ihrer konzeptionellen Einstellung im Grunde genommen westlich sind. Tatsächlich ist das Buch ganz frei von Dogmatik und doktrinärer Strenge. Die eindrucksvollste und wirklich angenehme Überraschung, die es bei einem Nichtmarxisten, wie ich es bin, bewirkte, war, daß die Schlußfolgerungen, zu denen Schaff gelangt, sich so sehr mit meinen eigenen decken, aber von einer ganz anderen Basis ausgehen.

Der Autor ist im wesentlichen optimistisch. Er nimmt an, und er muß ja annehmen, daß es keine nukleare Katastrophe geben wird. Er akzeptiert auch, daß die Automation der Produktion und der Dienstleistungen zu einem beträchtlichen Anwachsen des Reichtums führen wird und daß dieser schließlich neu verteilt werden wird, egal in welchem System, mit einem Grad von Gerechtigkeit, der einen allgemeinen Wohlstand in den Industrieländern garantieren wird. Tatsächlich deutet er an, Wohlstand könnte die Religion als »Opium für das Volk« ersetzen. Ebenso sieht Professor Schaff voraus, daß innerhalb seiner Zeitskala von 20 bis 30 Jahren manuelle Arbeit insoweit verschwinden wird, als das Proletariat im traditionellen Sinn der Vergangenheit angehören wird. Dies mag sehr wohl länger dauern, als er meint, aber die Aussicht ist vorhanden und könnte eine ganze Menge Umdenken in den politischen wie auch in den sozialen und Bildungssystemen mit sich bringen, nicht zuletzt in den marxistischen Ländern. Er warnt jedoch davor, daß mit dem Verschwinden der Klassenstrukturen, wie sie heute existieren, sehr wahrscheinlich neuartige Schichten entstehen werden, zum Beispiel zwischen jenen, die Wissen besitzen, und jenen, die nichts davon wissen, und neue Bündnisse, etwa zwischen Wissenschaftern, Militärs und den Besitzern der Macht. Sie alle werden genau beobachtet werden müssen.

Einer der Aspekte des Buches, der am meisten zum Denken herausfordert, ist die Erörterung über den Einfluß der entstehenden Informationsgesellschaft auf die Strukturen der Macht und der allgemeinen politischen Evolution, die bei kapitalistischen und marxistischen Ländern getrennt betrachtet wird. Was die ersteren betrifft, so neigt Professor Schaff zu dem Glauben an das Auftreten einer begrenzten und aufgeschlossenen Form des Kapitalismus, aber er ist einigermaßen beunruhigt über die Aussicht, daß die übernationalen Unternehmen nicht nur ein Informationsmonopol erlangen, sondern vielmehr die entscheidende Fähigkeit, es für sich auszubeuten. Mikroelektronische Entwicklungen werden das Entstehen einer echten Demokratie ermöglichen, mit der umfassenden Übertragung von Macht und Entscheidungen, der Dezentralisierung der Produktion und einer Steigerung der individuellen Verantwortung und Freiheit innerhalb eines sozialen

Gebildes. Ebenso können sie das Mittel zur Macht und für die Erhaltung der Macht sein, was zu hochzentralisierten und totalitären Diktaturen vom Typus »Big Brother« führt. In der Woge der Entwicklung wird der Moment auftauchen, wo es zu einer Gabelung der Möglichkeiten kommt. Politische Alternativen werden sich zeigen, ebenso plausibel wie scheinbar vernünftig, wobei sich eine davon als Einbahnstraße entpuppen könnte, die zum Totalitarismus führt, und die andere zur echten Demokratie. Zu den gleichen Schlußfolgerungen gelangt man, wenn auch mit anderen Argumenten, bei den marxistischen Gesellschaften. Dies könnte eine interessante Lektüre für das Weiße Haus wie auch für den Kreml abgeben. Man kann sich endlose Diskussionen darüber vorstellen, wie man die Diktatur des Proletariats erhalten kann, wenn das Proletariat nicht mehr existiert.

Das Buch beinhaltet ein interessantes Kapitel über den Einfluß der neuen Technologien auf Länder innerhalb des breiten Spektrums von Bedingungen und Standards, die die sogenannte Dritte Welt ausmachen. Es erfordert jedoch eine weit umfassendere Überlegung der Probleme, die während der kommenden Jahrzehnte infolge des bestehenden und fortdauernden enormen Bevölkerungszuwachses auf dem Planeten entstehen werden. Gegen Anfang des nächsten Jahrhunderts werden sich mehr als 80 Prozent der Weltbewohner in der Dritten Welt befinden und ein starker Bevölkerungsdruck wird sich entwickelt haben, der zu Massenwanderungen und anderen Phänomenen führen wird, die sehr wohl die bestens durchdachten Pläne der heutigen Industrienationen zerschlagen könnten. Es wird nicht möglich sein, die Industriegesellschaften mit ihrem Wohlstand wiederaufzubauen, außer es findet, pari passu, eine grundlegende Veränderung im Weltsystem statt, um die Armut der Massen außerhalb der industrialisierten Minorität zu lindern und so einen gewissen Grad von globaler Harmonie zu erreichen, und es ist schwer vorstellbar, wie dies ohne eine Erosion der Inseln des Wohlstands bewerkstelligt werden kann. Dies ist ein fundamentales Problem, das gewiß über den Rahmen dieses Buches hinausgeht, aber eines, das sich durch das Buch erhebt und vom Club of Rome nicht ignoriert werden kann.

Die philosophischen Erwägungen im zweiten Teil des Buches sind nicht weniger wichtig als die oben angeführten soziopolitischen Auseinandersetzungen. Auch hier gibt es wieder viele Wahlmöglichkeiten. Die Informationsgesellschaft kann gewiß Bedingungen für das Erreichen persönlicher Erfüllung in einem Ausmaß schaffen, das bisher unbekannt war. Wenn andererseits die menschlichen Bedürfnisse jenseits des rein Materiellen nicht mit Anteilnahme und Phantasie befriedigt werden, könnten wir leicht Langeweile, Entfremdung und das existentielle Vakuum schaffen, von dem so viel sozialer Groll ausgehen kann. Es ist leicht, Adam Schaffs Befangenheit gegenüber dem »Sinn des Lebens« und darüber hinaus gegenüber Werten zu verstehen, und es ist interessant, einen Marxisten zu lesen, der ein wesentliches Anwachsen des Interesses an Religion und spirituellen Aktivitäten, wenn auch vielleicht nicht vom traditionellen Typus, vorhersagt. Männer und Frauen aller Altersstufen und Kulturen nehmen großen Anteil an den Fragen nach der Bedeutung und dem Ziel der Existenz. Die Evolution des wissenschaftlichen Denkens verstärkt das Geheimnis, und die Fallen der zeitgenössischen Technologie erinnern uns zwangsläufig an die Errungenschaften der menschlichen Intelligenz, an unsere Vergänglichkeit und an unsere mangelnde Weisheit. Es ist also kein Wunder, daß es noch größere Wunder und Spekulationen bezüglich der Rätsel des Lebens geben könnte.

Die Mystik des Computers verschwindet und wird von der kommenden Generation als selbstverständliches, nützliches und essentielles Attribut des täglichen Lebens betrachtet. Es ist daher höchste Zeit, daß die soziale Signifikanz derartiger Entwicklungen ernst genommen und von jenen erforscht werden sollte, die die Gesellschaft steuern. Dieses Buch sollte ein Ansporn zu diesem Ziel sein.

(Übersetzt von Liesl Körbler) Paris, Januar 1985

Absichtserklärung

Anstatt eines Vorworts

Das Buch, das ich dem Leser übergebe, beschäftigt sich mit sozialpolitischer Futurologie, die sich freilich im Rahmen einer nicht allzu fernen Zukunft hält: sie umfaßt die kommenden zwanzig bis dreißig Jahre. Eine solche Erfassung der Zukunft gehört zu den gefährlichsten Beschäftigungen, da sich alle formulierten Thesen rasch verifizieren lassen; gleichzeitig erlaubt es diese kurzfristige Perspektive aber auch, alle Fallstricke der spekulativen Futurologie zu vermeiden, und verlangt vom Autor eine konkrete Begründung der von ihm skizzierten Zukunftsvision. Das wiederum ermöglicht dem Leser nicht nur das Verständnis, sondern auch die Verifizierung des ganzen dargestellten Gedankengangs.

Die Frage »Wohin führt der Weg?« beschäftigt, besonders wenn es sich um die gesellschaftliche Dimension der Entwicklungsdynamik handelt, immer intensiver die breitesten Menschenmassen in aller Welt. Die Fragestellung entspringt eindeutig der Angst. Alle denkenden Menschen in der Welt spüren, daß wir global von einem tiefen Wandel ergriffen werden, der sich nicht allein auf die Technik beschränkt, sondern alle Bereiche des gesellschaftlichen Lebens erfaßt. Angesichts der besorgniserregenden Auswirkungen dieses Wandels – Kriegsgefahr, drohende ökonomische Krisen und Arbeitslosigkeit – stellt sich immer eindringlicher die Frage: Wohin, zu was führt dieser Wandel? Angesichts des Verfalls der traditionellen Ideologien und der mit ihnen verbundenen Wertsysteme, ihrer oftmals tiefen Krise, empfinden die Menschen zunehmend eine Sorge, die durch die Unsicherheit der auf diese Fragen erteilten Antworten noch verstärkt wird. Daher stammt unter anderem die heutige Renaissance des religiösen Glaubens in seinen verschiedensten Gestalten, ich würde sogar sagen: die Flucht vor Unsicherheit und Furcht in den Trost, den die Religion verspricht, und das in einer Periode, in der man annehmen könnte, daß die stürmische Entwicklung der Wissenschaft die Religion in den Schatten stellt.

Eben diese Frage »Wohin führt der Weg?« greift das vorliegende Buch auf. Selbstverständlich lassen wir uns dabei nicht von der Absicht leiten, eine bindende Antwort zu erteilen – ein solches Unternehmen wäre zumindest unvernünftig –, vielmehr wollen wir versuchen, die Probleme möglichst präzise zu formulieren, auf ihre Implikationen und auf eventuelle Alternativlösungen hinzuweisen. Was dann weiter zum Thema der Probleme gesagt wird, sollte also als Feststellung aufgefaßt werden, während die vorgebrachten Lösungen als Hypothesen verstanden sein wollen. Die Absicht ist somit auf ein bescheidenes Maß zurückgeführt; trotzdem ist sie wichtig.

Ich möchte mit meinen Erwägungen einen möglichst breiten Leserkreis ansprechen. Deswegen war ich bemüht, zwei mögliche »Fallen« zu vermeiden, die auf dem Gang der Überlegungen zu diesem Thema lauern.

Die erste besteht darin, in eine fachlich-wissenschaftliche Abhandlung abzugleiten. Viele Probleme, die in diesem Buch berührt werden, stoßen einen geradezu in diese Richtung, nicht zuletzt angesichts der Fülle von wissenschaftlicher Literatur aus dem besprochenen Bereich (zum Beispiel Informatik, Mikroelektronik, *genetic engineering* oder Kernenergie). Das ist jedoch nicht das Ziel dieses Buchs, das auch nicht als populär-wissenschaftliche Darstellung jener Probleme gedacht war, welche die Grundlage der ganzen gegenwärtigen Entwicklung bilden und die in einer – wie schon gesagt – reichen Fachliteratur leicht zugänglich sind; wer sich für die entsprechende Problematik interessiert, mag danach greifen. Vielmehr wollen wir uns darauf beschränken, diese Aspekte lediglich zu signalisieren, und uns auf ihre gesellschaftlichen Implikationen konzentrieren, also auf ein Gebiet, das in der Sachliteratur nur schwach vertreten ist und auf dem – vom Standpunkt des Ziels aus betrachtet, das wir uns stellen – eine künstlich aufgeblähte Wissenschaftlichkeit nur schaden kann.

Zum zweiten möchte ich vermeiden, diesen Überlegungen einen einseitig ideologischen Charakter zu verleihen, und zwar in dem Sinn, daß sie mit einer aus bestehenden Ideologien entspringenden Schlußfolgerung verbunden werden. Es ist klar, daß niemand imstande ist, derartige Überlegungen von dem Wertsystem zu trennen, das er selbst anerkennt, mithin von der persönlich internalisierten Ideologie, die mit diesem Wertsystem verbunden ist. Um aber Mißverständnisse zu vermeiden, möchte ich angesichts der häufig ignorierten Vieldeutigkeit des Begriffs »Ideologie« unterstreichen, daß ich ihn im Sinn des *common sense* als Gesamtheit der Ideen, menschlichen Einstellungen und Verhaltensweisen verstehe, die sich auf ein akzeptiertes Wertsystem stützen und, davon ausgehend, das präferierte Ziel der gesellschaftlichen Handlungen bestimmen, die die Realisierung eines bestimmten gesellschaftlichen Ideals anstreben. Es besteht jedoch ein Unterschied zwischen der Ausarbeitung ähnlicher Überlegungen in einem völligen ideologischen Vakuum – was ein utopisches Postulat wäre – und der Forderung, sie nicht als Anwendung einer bestimmten Partei-Ideologie aufzufassen. Letztere Forderung läßt sich, mit Rücksicht auf den allgemeinen Charakter der besprochenen Probleme, erfüllen, und in unserem Fall ist ihre Erfüllung eine Notwendigkeit, falls wir wirklich einen breiten Leserkreis überzeugen wollen. Das bedeutet, daß ich beabsichtige, die Probleme als Extrapolierung von Fragen und Sorgen darzustellen, die in der einen oder anderen Weise in vielen, wenn auch nicht in allen Gegenwartsideologien ihren Platz haben, die eine bestimmte Summe von Werten enthalten, welche insgesamt den Reichtum unserer Epoche ausmachen. Mit anderen Worten ausgedrückt: Als Marxist werde ich selbstverständlich marxistisch denken, wenn ich zu meinen Ausführungen übergehe, aber nicht in dem Sinn, daß ich die Antworten auf die gestellten Fragen auf Grund der fertigen Summe des Marxismus deduziere oder daß ich mein Denken auf den Bereich der klassischen marxistischen Ideen reduziere. Es gibt zu viele neue Fragen, besonders im Bereich der Problematik des menschlichen Individuums, die erst formuliert und dann mit neuen Lösungen angegriffen werden müssen.

Nachdem ich so und in sehr allgemeiner Form das Ziel und den Stil der Überlegungen dieses Buchs erläutert habe, muß ich noch die Tatsache rechtfertigen, daß ich die Probleme von Krieg und Frieden hier ausklammere, die sicherlich die Quelle der größten Sorgen und Ängste in aller Welt sind und angesichts der neuen Kernwaffenrüstungen der Supermächte sogar *Furcht und Entsetzen* hervorrufen. Die Auslassung dieser Fragen ist nie und nimmer eine Folge ihrer Unterschätzung; das *ist* zweifellos die fundamentalste Problematik unserer Epoche, das *ist* die Frage nach *Sein oder Nichtsein* der Menschheit. Wenn ich trotzdem nicht darauf eingehe, so einzig aus dem Grund, weil es sich dabei um so offenkundige Fragen handelt, daß man nichts anderes tun kann, als sie auszusprechen, was ich *expressis verbis* in diesem Vorwort tue – wobei nur festgestellt werden muß, daß die Forderung, es nicht zu einem Krieg kommen zu lassen, der unvermeidlich zur Katastrophe der Menschheit führen müßte, zumindest theoretisch von allen akzeptiert wird. Wogegen alle Überlegungen zum Thema, ob es tatsächlich gelingen wird, einen Krieg zu vermeiden, nichts anderes sein können als Spekulationen. Persönlich glaube ich nicht an die Möglichkeit, daß es infolge einer bewußt gefaßten Initiative des »ersten Schlags« zum Ausbruch eines solchen Krieges kommen kann, insofern sich alle darüber klar sind, daß dies ein selbstmörderischer Entschluß wäre. Es handelt sich also nicht darum, noch einmal im Rahmen einer Publikation die allbekannten Thesen und Appelle zu wiederholen; es geht darum, zu handeln und die öffentliche Meinung für den Frieden zu mobilisieren – in diesem Sinn ist jede Wiederholung wünschenswert. Doch das sind schon andere Formen der Tätigkeit als das Schreiben von Büchern über allgemeine Probleme unserer Zukunft. In einem solchen Buch müssen wir für die Zukunft die Überzeugung voraussetzen, daß Vernunft – sei es auch nur in der Gestalt der

Furcht vor den Konsequenzen eines Krieges – schließlich siegen wird. Sollte es infolge der einen oder anderen Ursache – selbst eines Zufalls – anders sein, so wären alle unsere Überlegungen über die Zukunft von vornherein sinnlos. Überzeugt, daß die Vernunft siegen wird, und mit der Feststellung, daß wir diese Frage in ihrer vollen Bedeutung sehen, wenden wir uns den folgenden Überlegungen zu.

Erster Teil

Die gesellschaftlichen Folgen der gegenwärtigen wissenschaftlich-technischen Revolution

I. Voraussetzungen – drei wissenschaftlich-technische Revolutionen

Obwohl wir diese Denkmethode dem Marxismus verdanken: man muß heute kein Marxist sein, um bei der Analyse von gesellschaftspolitischen Änderungen, die sich vor unseren Augen abspielen und deren weiterer Verlauf sich mit großer Wahrscheinlichkeit voraussehen läßt, von der Analyse der Veränderungen in der Produktionssphäre und dem damit verbundenen wissenschaftlich-technischen Wandel auszugehen. Unabhängig davon, ob man die marxistische Theorie vom wechselseitigen Einfluß zwischen Basis und Überbau mit allen daraus fließenden Folgen akzeptiert, wird es jedem, dem die Kategorien der gegenwärtigen Gesellschaftswissenschaften geläufig sind, klar sein, daß revolutionäre Veränderungen auf dem Gebiet der Wissenschaft und Technik und deren Folgeerscheinungen in der Sphäre der Produktion und Dienstleistungen auch entsprechende Veränderungen der gesellschaftlichen Beziehungen zwischen den Menschen nach sich ziehen. Man müßte im übrigen blind sein, um die schon heute auf diesem Gebiet vor sich gehenden Veränderungen nicht wahrzunehmen und ihre augenscheinliche Verbindung mit der von uns erlebten, immer intensiveren zweiten industriellen Revolution nicht festzustellen. Wir wollen also von ihr ausgehen.

Wir sind uns nicht immer dessen bewußt, daß wir uns schon heute inmitten einer äußerst dynamisch anwachsenden Revolution der Mikroelektronik befinden, obwohl sie bereits von allen Seiten auf uns zukommt. Angefangen von den kleinen Dingen des alltäglichen Lebens – wie Quarzuhr, Taschenrechner mitsamt seiner meist eingebauten Uhr, Kalender, Wecker, wie Farbfernsehgerät oder die verschiedensten Küchenutensilien: moderner Kühlschrank, Waschmaschine, Geschirrspülmaschine usw. – bis zu den Gegenständen höherer Rangordnung, welche jedoch einer immer größeren Anzahl von Menschen, die sich der neuen Technik bedienen, geläufig sind – wie zum Beispiel die zahlreichen Anwendungen von Rechnern in der Industrie, bei der wissenschaftlichen Forschung, im Fernmeldewesen und im Transport, in der Information oder in den Dienstleistungen –, über die ungewöhnlichen und spektakulären Errungenschaften der Wissenschaft und Technik wie Raumflug oder vollautomatisierte Fabriken, in denen die Menschen von Robotern ersetzt werden, und schließlich bis zu dem Bereich, der am gefährlichsten und von diesem Standpunkt aus am wichtigsten ist: bis zur modernen Kriegstechnik – alles das ist eine Folge der sich summierenden Auswirkungen der Revolution der Mikroelektronik und der thermonuklearen Energie. Wir haben es also mit einer Strömung der industriellen Revolution zu tun, von der wir immer gewaltsamer erfaßt werden.

Soll man aber all diese uns bekannten und dem allgemeinen Bewußtsein schon einverleibten Tatsachen als Revolution bezeichnen? Ganz gewiß! Es handelt sich um die zweite industriell-technische Revolution. Bestand das Wesen der ersten, jener, die sich in der Jahrhundertwende vom 18. zum 19. Jahrhundert situieren läßt und deren Änderungen heute von jedem ohne Zögern als *Revolution* bezeichnet werden, darin, daß die *Körper*kraft des Menschen in der Produktion durch die Kraft der Maschinen ersetzt wurde (zuerst mit Dampfantrieb, später vor allem mit Elektroantrieb), so besteht die zweite, die heutige darin, daß die *intellektuellen* Fähigkeiten des Menschen von Automaten ergänzt und sogar ersetzt werden, von Automaten, die immer folgenreicher die menschliche Arbeit in der Produktion und in den Dienstleistungen außer Kraft setzen. Die Analogie gegenüber der ersten industriellen Revolution besteht darin, daß es in der Entwicklung der Produktionstechnik zu einem qualitativen Sprung gekommen ist und die Kontinuität der quantitativen Zunahme in der Entwicklung der Technik durchbrochen worden ist; der Unterschied dagegen besteht darin, daß, während die erste

Revolution zur Erleichterung und zur höheren Effektivität der menschlichen Arbeit geführt hat, die jetzige in ihrer Folge die Notwendigkeit der menschlichen Arbeit überhaupt eliminieren wird. Das bedeutet einerseits die Befreiung des Menschen vom Fluch des Gottes im Alten Testament, der ihn verdammte, sein täglich Brot im Schweiße seines Angesichts zu essen; andererseits bringt diese Revolution eine Reihe von gesellschaftlichen Schwierigkeiten mit sich. Sie stehen damit in Verbindung, daß eine Institution gefunden werden muß, welche die traditionelle menschliche Arbeit ersetzen könnte, und zwar sowohl als Quelle des Einkommens, das die materiellen Bedürfnisse des Menschen befriedigt, wie auch als »Sinn des Lebens«, der mit der Arbeit verloren zu gehen droht, also als Motivierung des menschlichen Handelns, also als Grundlage der Befriedigung seiner nicht-materiellen, geistigen Bedürfnisse.

Die Revolution der Mikroelektronik und die mit ihr verbundene industriell-technische Revolution bilden jedoch nur ein, wenn auch äußerst wichtiges Element der Situation, die wir als gegenwärtige wissenschaftlich-technische Revolution bezeichnen. Ihr zweites Element ist die Revolution der Mikrobiologie mit dem als Folge auftretenden *genetic engineering*.

Man bezeichnet häufig das 21. Jahrhundert als das Jahrhundert, in dem die Biologie in allen Unternehmungen des Menschen dominieren wird. Es handelt sich darum, daß die frappierendsten Veränderungen gerade auf diesem Gebiet vor sich gehen werden, um so dem Menschen die Möglichkeit zu geben, nicht nur über die belebte Natur im allgemeinen zu herrschen, sondern auch über sich selbst, über sein eigenes »Ich«: eine phantastische Perspektive, die aber gleichzeitig ungeheure Gefahren auf dem Gebiet des gesellschaftlichen Lebens mit sich bringt.

Der entscheidende Schritt in dieser Hinsicht war die Entdeckung des genetischen Kodes der Lebewesen und die darauf folgende allmähliche Entzifferung dieses Kodes, was eine immer effektivere, immer tiefer reichende Einmischung des Menschen in die Entwicklungsgesetze der belebten Natur erschloß. Darin liegt die Möglichkeit des *genetic engineering*, das heißt der Umwandlung des angeborenen genetischen Kodes der Pflanzen und Lebewesen beziehungsweise sogar einer bewußten Schöpfung von neuen Kodes, an die bisher kaum jemand gedacht hat.

Einerseits eröffnen sich damit dem Menschen neue, phantastisch positive Perspektiven, wenn es sich zum Beispiel um die Heilung angeborener Krankheiten handelt oder um die Schaffung neuer Gattungen von Pflanzen und Tieren, deren Eigenschaften den Anforderungen des Menschen besser entsprechen, sei es weil sie bedeutend widerstandsfähiger sind als die bestehenden oder weil sie im Überfluß mit jenen Bestandteilen ausgestattet sind, die ihm dienen. Damit zeichnet sich auch der einzige Weg ab, auf dem einer Hunger- oder Unterernährungskatastrophe der Einwohner unseres Planeten entgegengewirkt werden kann, einem Problem also, das im Zusammenhang mit der demographischen Explosion in den Ländern der sogenannten Dritten Welt immer intensiver droht.

Andererseits zeichnen sich aber Gefährdungen für die Entwicklung des Menschen ab, denen wir bis jetzt nur in Werken der Gattung *science fiction* begegnet sind: also die Ingerenz in die Persönlichkeit des Menschen, mit deren Hilfe Individuen erzeugt werden könnten, deren Eigenschaften auf gesellschaftliche »Bestellung« entsprechend geformt werden (stellen wir uns zum Beispiel vor, daß im Gefolge des einen oder anderen Totalitarismus »gehorsame« Menschen auf »Bestellung« erzeugt werden), oder auch die Schöpfung einer größeren Anzahl von physisch und psychisch identischen Individuen durch Anwendung der Klone-Technik.

Das alles klingt wie ein grausames Märchen, aber die Experimente in beiden erwähnten Richtungen sind schon im Gang, in mancher Hinsicht sogar schon weit fortgeschritten. Die Appelle der angesichts solcher Perspektiven entsetzten Biologen um Verzicht auf jegliche Forschung und Experimente auf diesem Gebiet sind nicht nur von vornherein zum Scheitern verurteilt (und sei es nur aus dem Grund, weil sie aus verständlichen Gründen das Interesse und die Tätigkeit von *military establishments* verschiedener Länder wecken und anregen), sie sind darüber hinaus auch in ihrem Wesen reaktionär; soll denn die Menschheit auf jeden Fortschritt des Wissens nur aus dem einzigen Grund verzichten, weil der Fortschritt des Wissens immer auch die Gefahr von Mißbrauch und gesellschaftlichen Gefährdungen nach sich zieht? Eine solche Situation besteht doch auf jedem Gebiet, auf dem sich der Fortschritt des Wissens manifestiert; so verhalten sich die Dinge auch mit der Revolution der Mikroelektronik (Gefährdung der Sphäre der Bürgerfreiheiten, Gefahr eines krebsartigen Wachstums einer allmächtigen Bürokratie und, das Wichtigste, Gefahr einer strukturellen Arbeitslosigkeit als Folge der Produktions-Automatisierung) oder der Revolution, welche die Kernenergie mit sich bringt (Gefahr ihrer Nutzung zu Kriegszwecken).

Ganz abgesehen vom utopischen Charakter jener Appelle, die darauf zielen, den gesamten Fortschritt des gegenwärtigen Wissens abzubremsen: Muß man die Forderung nicht als reaktionär bezeichnen, auf Forschungen zu verzichten, die uns auf dem Gebiet der Mikrobiologie oder des *genetic engineering* den Weg zur Überwindung von Krankheiten wie Kindesmongolismus, Krebs, Diabetes oder angeborenen Geistesstörungen eröffnen? Es ist wohl selbstverständlich, daß der Weg zur Lösung der Probleme nicht über das Verbot des Fortschritts führt – im übrigen, wie ich schon sagte, ein völlig utopisches Verbot –, sondern über gesellschaftliche prophylaktische Maßnahmen, die den negativen Folgen entgegenwirken können. Kein Fortschritt des menschlichen Wissens ist an sich reaktionär oder negativ, hängt doch alles davon ab, was der gesellschaftliche Mensch mit diesem Fortschritt anfängt; er kann aufgrund derselben Entdeckung den Weg zu einem neuen Paradies öffnen, aber auch zu einer neuen Hölle, die schrecklicher ist als alles, was bisher bekannt war. Doch in keinem Fall darf zugelassen werden, daß die Gefahr des Mißbrauchs menschlichen Wissens zu seinem Verbot führt.

Das dritte Element dieser wissenschaftlich-technischen

Revolution, das den Entwicklungsweg der menschlichen Gesellschaft sowohl gegen Ende des laufenden Jahrhunderts wie auch im kommenden bestimmen wird, ist die energetische Revolution.

Es ist ohne weiteres einleuchtend, daß jeder gesellschaftliche Fortschritt auf dem Gebiet der Produktion und der Befriedigung der allgemeinen Bedürfnisse ohne Ersatz der heute noch unzureichenden, sich schnell erschöpfenden Energiequellen durch neue, machtvollere und praktisch unerschöpfliche nicht möglich wäre. So sind wir heute Zeugen einer fieberhaften Suche nicht nur nach weiteren Vorkommen der traditionellen Energieträger (vor allem Erdöl), sondern auch – und das ist das Wichtigste – nach neuen Quellen. Die Sonnenenergie, die Wärmeenergie des Erdinnern, die Energie der Gezeiten sind, neben den traditionellen und noch immer unzureichend genutzten Quellen wie Energie des Windes oder der Flußströmungen, nur einige Beispiele für die Richtung der gegenwärtig unternommenen Anstrengungen und Forschungen. Dabei wird die Jahrhundertwende auf einigen dieser Gebiete (Sonnenenergie und Wärmeenergie des Erdinneren) eine Wende mit sich bringen; so zumindest lautet das Urteil seriöser Forscher auf diesem Gebiet. An die Spitze drängt immerhin die Kernenergie, sowohl jene, die durch Atomspaltung gewonnen wird (das hat der Mensch schon erreicht, und damit stehen die Gefahren des Mißbrauchs dieser Energie für militärische Zwecke in Verbindung), wie auch jene, die sich durch kontrollierte Kernreaktionen gewinnen läßt (also durch Synthese). Diese zweite Form der Gewinnung und Nutzung der interatomaren Energie würde dem Menschen praktisch unbegrenzte Möglichkeiten der Erzeugung der ihm für die verschiedensten Zwecke notwendigen Energie eröffnen. Leider stehen wir in dieser Hinsicht erst am Anfang des Weges; obwohl dieser Weg nicht verschlossen ist, erfordert er sicherlich noch viel Mühe und Zeit, bis das Problem endgültig gelöst ist. Da aber an vielen Orten unseres Planeten daran gearbeitet wird, kann man, auf Grund unserer Erfahrungen, die begründete Überzeugung äußern, daß auch dieses Problem vom menschlichen Genie gelöst und damit die mächtigste Barriere auf dem Weg zur Eroberung der Welt, auch des Weltraums, durch den Menschen fallen wird.

Diese revolutionäre Trias – Mikroelektronik, Mikrobiologie und Kernenergie – zeichnet die weiteren Wege unseres Wissens von der Welt ab und damit auch die Entwicklung unserer menschlichen Gesellschaft. Sie enthält, wie wir gesehen haben, ungeheure Möglichkeiten, aber auch bedeutende Gefahren, vor allem sozialer Art. Eben diesen Problemen der gesellschaftlichen Folgeerscheinungen jener vielgegliederten wissenschaftlich-technischen Revolution, deren Gestalt wir oben signalisiert haben, wollen wir – im Sinn der einleitenden Absichtserklärung – die folgenden Überlegungen widmen.

II. Wandel der ökonomischen Gesellschaftsformation

Das erste in die Augen springende Problem, das eine Folge der neuen industriellen Revolution ist, findet seinen Ausdruck in der Frage, wie der Unterhalt einer Armee von Menschen bestritten werden soll, die infolge der Automatisierung und Robotisierung von Produktion und Dienstleistungen strukturell arbeitslos sind.

Soweit die Rede von den industriell entwickelten Ländern ist – in den Entwicklungsländern werden sich die Dinge viel schwieriger gestalten, ja geradezu tragisch, wenn man ihre Armut berücksichtigt –, also in den Ländern, deren Nationaleinkommen es im Prinzip ermöglicht, die Bedürfnisse der gesamten Bevölkerung zu befriedigen, und das auf hohem Niveau, werden wir uns unvermeidlich mit der Frage konfrontiert finden, wie dieses Einkommen in einer neuen Situation verteilt werden soll. Einerseits werden nämlich die Automatisierung und Robotisierung (unter der Voraussetzung einer steigenden Energielieferung für die Produktion als Folge der Erschließung neuer Energiequellen) eine ungeheure Steigerung der Produktionseffizienz und des gesellschaftlichen Reichtums mit sich bringen, andererseits werden dieselben Prozesse zu einer verringerten Nachfrage nach menschlicher Arbeit führen, die mit der Zeit spektakulären Charakter annehmen wird. Das ist unvermeidlich, ganz unabhängig davon, wieviel traditionelle Arbeitsgebiete erhalten werden und wieviel neue als Folge der Entwicklung der Mikroelektronik und der mit ihr verbundenen Produktionsbereiche entstehen werden. Die sich in dieser Frage ehrlich aussprechenden Fachleute haben in dieser Hinsicht keine Zweifel.

Ich will nur zwei meiner Ansicht nach maßgebliche Meinungen anführen, in denen das Problem klar gestellt ist: die Losung der japanischen Unternehmer – und diese sind, wie die bisherige Erfahrung zeigt, glaubwürdig –, wonach bis zum Ende unseres Jahrhunderts die körperliche Arbeit in den industriellen Unternehmen Japans zu 100 Prozent abgeschafft werden soll (selbst wenn wir in dieser Losung einen Werbespruch sehen, hat sie ihre Bedeutung), und den Sonderbericht *Science Council of Canada Report* (Nr. 33, 1982), der für Kanada die Anzahl der infolge von Automatisierung entlassenen Arbeiter bis zum Jahrhundertende auf mäßige 25 Prozent veranschlagt; es handelt sich dabei um den Bericht einer wissenschaftlich äußerst gewissenhaften *staatlichen* Institution. Uns bleibt also die Wahl zwischen 100 und 25 Prozent, welche Differenz mit der höheren Entwicklung der Elektronik in der japanischen Industrie verbunden sein kann, wo schon jetzt sogenannte *unmanned factories* funktionieren. Es kann aber kein Zweifel darüber bestehen, daß die strukturelle Arbeitslosigkeit ganze Bevölkerungs*massen* erfassen wird. Davon zeugen auch die entsprechenden amerikanischen Prognosen, in denen von 35 Millionen infolge der Automatisierung liquidierten Arbeitsplätzen bis zum Jahrhundertende die Rede ist. Nicht anders lautet die Aussage der Statistik, die sich auf die gegenwärtige Arbeitslosigkeit unter der amerikanischen Jugend bezieht und aus der sich ersehen läßt, daß in New York jeder dritte Jugendliche keine Arbeit hat, während es in Chicago schon jeder zweite ist (auf die schwarze Jugend bezogen, sind diese Zahlen noch viel höher, was aufgrund der amerikanischen Verhältnisse einleuchtet).

Es ist offensichtlich, daß präzise und glaubwürdige Prognosen in dieser Beziehung nicht möglich sind, da wir es mit einer allzu großer Anzahl von Variablen zu tun haben, die das Gewicht in der einen oder anderen Richtung verschieben können. Eins ist aber sicher: Die optimistischen Folgerungen, die auf der Grundlage von empirischen Untersuchungen der Relationen zwischen technischen Innovationen und der Beschäftigung in einer bestimmten Industrie- oder Dienstleistungsbranche während der letzten fünf oder zehn Jahren gezogen worden sind, erweisen sich als unsolide, methodologisch falsch und in ihrem Resultat irreführend (bewußt?): erstens, weil das Tempo dieser Innovationen ständig wächst; zweitens, weil das Tempo ihrer technischen Effektivität zunimmt und damit auch ihr Druck auf den Arbeitsmarkt; drittens, weil einstweilen noch eine weitgehende Differenzierung der einzelnen Produktions- und Dienstleistungsbereiche vom Standpunkt ihrer Aufgeschlossenheit für neue Techniken besteht, was sich rasch ändern wird; viertens schließlich deswegen, weil der faktische Stand oftmals durch die Stabilität, ja sogar durch eine gewisse Beschäftigungszunahme verwischt wird, die eine mehrfach größere Steigerung der Funktionen und des Umsatzes begleitet, wie das zum Beispiel im Westen auf dem Banksektor der Fall war – trotz der Computerisierung seiner Funktionen. Die Beruhigung der öffentlichen Meinung und der interessierten Industrie- und Dienstleistungsbranchen, die den offensichtlichen Tatsachen kraß widerspricht, ist gesellschaftlich schädlich. Nur eine heute schon angebahnte prophylaktische Tätigkeit und die Vorbereitung weiterreichender Maßnahmen für die nächste Zukunft können das drohende gesellschaftliche Unheil abwenden: Für eine solche Tätigkeit muß die Gesellschaft mobilisiert werden, anstatt sie durch verlogene, beruhigende Prognosen zu demobilisieren. Selbst wenn jemand glaubt, daß er seinen kurzfristigen Interessen damit dient, so ist es, gesellschaftlich betrachtet, nur ein Vorsichherschieben der unvermeidlichen Entschließungen, die gefaßt werden müssen, ob das jemand gefällt oder nicht; wenn der immer sprunghafter wachsende Wandel uns erst einmal an die Mauer gedrückt haben wird, werden die Entschlüsse ohnehin fällig, dann allerdings unter weit übleren Bedingungen.

Das bezieht sich vor allem auf die Folgen der gegenwärtigen industriellen Revolution auf dem Gebiet der ökonomischen Gesellschaftsstruktur oder, anders ausgedrückt, auf dem Gebiet der ökonomischen Gesellschaftsformation. Das Problem von Dutzenden von Millionen Arbeitsloser in Europa, von aberhundert Millionen in der Welt, und zwar von strukturell Arbeitslosen (arbeitslos also nicht infolge einer vorübergehenden schlechten Konjunktur, sondern infolge der veränderten Beschäftigungsstruktur, die durch die Ausschaltung der traditionellen menschlichen Arbeit durch Automaten herbeigeführt wird) – dieses Problem kann nicht durch Arbeitslosenunterstützung gelöst werden, vor allem dann nicht, wenn es sich um junge Menschen handelt, denen die neuen technischen Trends die Arbeitsmöglichkeiten im traditionellen Sinn des Wortes schon vom Anfang ihres selbständigen Lebens an nehmen werden. Hier muß es zu etwas Neuem kommen, die Lösungen müssen anders sein. Ganz allgemein gesagt und ohne die Formen dessen vorauszunehmen, was geschehen muß, können wir nur konstatieren: daß die Lösung in einer neuen Verteilung des Nationaleinkommens ihren Ausdruck finden wird. Das aber läßt sich nicht verwirklichen, ohne das bisher herrschende Eigentumsrecht zu verletzten oder jedenfalls zu modifizieren.

Das ist in sehr allgemeiner Form (wie wir sehen werden, ermöglicht diese allgemeine Formel verschiedene Varianten) und sehr vorsichtig ausgedrückt worden. Nichtsdestoweniger bin ich mir darüber klar, daß selbst eine so allgemein gehaltene These in bestimmten Kreisen wie ein Schock wirken wird und Verteidigungsreaktionen hervorrufen muß. Ich schlage deshalb vor, daß wir uns diese Dinge in ruhiger und objektiver Weise überlegen; nervöse Reaktionen und eine defensive Ablehnung offensichtlicher Tatsachen führen zu nichts, wie man sich aus dem Ablauf ähnlicher Geschehnisse in der Vergangenheit leicht überzeugen kann. Es ist klar, daß sich diese nervösen Reaktionen naturgemäß auf jene Länder beschränken, in denen die Produktionsmittel und die großen Dienstleistungsanstalten Privateigentum sind, das heißt auf Länder, die wir üblicherweise – trotz der bedeutenden Unterschiede zwischen ihnen – als kapitalistisch bezeichnen. Es bezieht sich nicht auf jene Länder, die – wiederum mit dem Vorbehalt zahlreicher Einschränkungen und Differenzierungen – als sozialistisch bezeichnet werden, in denen sich aber jedenfalls das Eigentum an den entsprechenden Produktionsmitteln und Dienstleistungsinstitutionen nicht in privater Hand befindet. Gerade wegen dieser Unterschiede in den Schockreaktionen und defensiven Reflexen muß deutlich festgestellt werden, daß die uns hier interessierende Frage, die mit der gegenwärtigen industriellen Revolution verbundene strukturelle Arbeitslosigkeit, ein nicht systembezogenes Problem ist, daß es sich also ebenfalls auf die sozialistischen Länder bezieht. Die gegenwärtigen Unterschiede in der Intensität des Auftretens von struktureller Arbeitslosigkeit hängen mit der verspäteten Entwicklung der sozialistischen Länder auf dem Gebiet der nichtmilitärischen Anwendung der Mikroelektronik zusammen. Diese Verspätung beträgt, verglichen mit den industriell hochentwickelten Ländern, viele Jahre. Die weitere Entwicklung wird jedoch diese Unterschiede ausgleichen und auch die sozialistischen Länder mit dem allgemeinen Problem der strukturellen Arbeitslosigkeit konfrontieren, die Anwendung von Methoden einer versteckten Arbeitslosigkeit durch Erhaltung einer technisch unbegründeten großen Anzahl von Arbeitskräften ist keine Lösung, im Gegenteil: sie verwirrt die Lage noch mehr. Der Vorteil der sozialistischen Länder besteht nicht darin, daß sie sich den Gesetzmäßigkeiten des allgemeinen Entwicklungstrends entziehen können, sondern daß sie die entstehenden Schwierigkeiten leichter überwinden können, weil ihre Produktionsmittel nicht Privateigentum sind. Alle anderen Schwierigkeiten, besonders jene, die den Rahmen der Ökonomie überschreiten – worauf wir in unseren weiteren Überlegungen noch eingehen werden –, sind nicht systemgebunden; sie haben allgemeinen und universellen Charakter.

Um auf unser Problem der strukturellen Arbeitslosigkeit zurückzukommen und auf seine Lösungen einzugehen, müssen wir zwischen den Lösungen einer Übergangsperiode und jener Periode unterscheiden, in der die Erscheinung in ihrer vollen Kraft wirksam wird.

Während der Übergangsperiode werden die Lösungen sicherlich in einer neuen Verteilung der vorhandenen Arbeitssumme bestehen, erreicht durch Verkürzung der individuellen Arbeitszeit. Das ist gegenwärtig die allgemeine – und begründete – Losung der Gewerkschaften im

Westen, die um eine 35-Stunden-Woche kämpfen, im vollen Bewußtsein, daß dies nur der Anfang einer ständigen Arbeitszeitverkürzung in den kommenden Jahren sein wird. Man sollte jedoch die Tatsache nicht zu verheimlichen suchen, die einstweilen in den aufgestellten Losungen nebelhaft bleibt, daß es sich dabei um den Anfang einer Neuverteilung des Nationaleinkommens handelt und handeln muß. Denn außer der Frage der Arbeitszeitverkürzung entsteht ein neues Problem: Auf wessen Kosten? Es unterliegt nämlich keinem Zweifel, daß infolge mehr oder weniger heftiger Kämpfe, die eindeutigen Klassencharakter tragen (sie werden auch dort in Erscheinung treten, wo sie scheinbar schon längst begraben sind), die Kosten des ganzen Unternehmens vor allem jene belasten werden, deren Anteil am gesellschaftlichen Einkommen größer ist, also die Unternehmer. Selbstverständlich ist es eine unerläßliche Vorbedingung dieser Lösung, daß die gesamte Operation aufgrund gemeinsamer Entschlüsse der Industrieländer durchgeführt wird (der OECD und der Europäischen Gemeinschaft); der »separatistische« Schritt eines einzelnen Landes in diese Richtung würde nämlich infolge des Verlusts der Konkurrenzfähigkeit auf internationalen Märkten seinen unvermeidlichen Wirtschaftsruin nach sich ziehen. Das muß konsequenterweise zum stärkeren Zusammenschluß der Gewerkschaften dieser Länder führen, im Sinn ihrer internationalen Zusammenarbeit, aber gleichzeitig auch zu ihrer Radikalisierung, die in den hochindustrialisierten Ländern schon fast in Vergessenheit geraten ist. Diese Radikalisierung wird sich, wie gesagt, auf eine neue Verteilung des Nationaleinkommens beziehen, deren Sinn in einer Verlagerung der Kosten der fortschreitenden Arbeitszeitverkürzung auf die Schultern der Unternehmer bestehen wird. Die Arbeitermassen werden sich im Verlauf dieses Kampfes deutlich radikalisieren – eine Senkung ihres Lebensstandards kommt nämlich nicht in Frage, sie werden es nicht dazu kommen lassen –, während die besitzenden Klassen genügend intelligent sein müssen, um diesen unvermeidlichen Schritt in Richtung eines (relativen) Ausgleichs der Teilnahme aller Gesellschaftsmitglieder am gesellschaftlichen Einkommen zu akzeptieren, falls sie die peinliche Überraschung revolutionärer Ausbrüche vermeiden wollen, die, wie es schien, in den hochentwickelten Ländern nur noch ein Ding der Vergangenheit waren. Die neue industrielle Revolution bringt nämlich eine potentielle revolutionäre Situation mit sich, falls man nicht genügend schnell die notwendigen Schlußfolgerungen aus ihren sozialen Implikationen zieht. Daran müssen sich nicht nur die besitzenden Klassen erinnern, sondern auch die traditionsgemäß reformistischen und versöhnlich eingestellten Gewerkschaftsleitungen, die unter dem Druck der Mitgliedermassen abgelöst werden können, falls sie sich nicht zu Vertretern der spontanen Radikalisierung aufwerfen. Dasselbe bezieht sich auch auf die politischen Parteien, besonders auf jene, deren Basis von den werktätigen Massen gebildet wird. Wir treten erneut in eine Periode des Aufschwungs der revolutionären Parteien ein, aber jener, welche sich durch Intelligenz auszeichnen und nicht in ihren alten Vorbildern und Losungen erstarrt sind, die nicht einfach in die neue Epoche übertragen werden können. Diese Parteien werden im genannten Zusammenhang auf Schwierigkeiten stoßen, obwohl die Ursachen dieser Schwierigkeiten verschieden sein können. Das bezieht sich sowohl auf die traditionsgebundenen sozialistischen Parteien wie auf die traditionellen kommunistischen.

Alles, was ich bisher gesagt habe – und das ist nur das Vorspiel der eigentlichen Auseinandersetzung –, stellt sich keineswegs das Ziel zu »schrecken« oder, wie sich das jemand vorstellen könnte, zur »revolutionären Aktion zu mobilisieren«. Es ist lediglich eine Feststellung von Tatsachen, die objektiven Charakter haben und die wir nicht durch hartnäckiges Negieren oder Ingangsetzen eines Verteidigungsmechanismus der *cognitive dissonance* aus der Welt schaffen können. Es ist gleichzeitig eine Warnung vor jeglicher Geringschätzung der Folgen jener sozialen Dynamik, durch die sich die gegenwärtige und kommende Periode auszeichnet. Eine solche Warnung ist an der Zeit; sie ist eine moralische und gesellschaftliche Pflicht der

Vertreter der Gesellschaftswissenschaften, die sich mit den Problemen unserer Zeit befassen und ihre Gesetzmäßigkeiten verstehen: es ist eine revolutionäre Periode im Sinn des Charakters des sich vollziehenden Wandels, obwohl sie es nicht unbedingt im Sinn eines unvermeidlichen gesellschaftlichen Umsturzes (mit Gewaltanwendung) zur Beherrschung der Folgen dieses Wandels sein muß. Friedliche Lösungen sind gesellschaftlich »sparsamer« und deswegen erwünscht, auch im Verständnis der Anhänger der Revolution, falls ihre Ziele mit friedlichen Mitteln erreicht werden können. In unserer Periode und in den hochentwickelten Ländern ist das sicherlich möglich, und deswegen sollte man die Realisierung dieses Ziels anstreben. Wenn wir gleichzeitig daran denken, daß in unserer Zeit, in der aus verschiedenen Gründen so lautstark vom Zusammenbruch, mindestens aber von einer Krise des Marxismus gesprochen wird, eine seiner Grundthesen sich in einer nahezu klassischen Klarheit realisiert – und zwar die These, daß Veränderungen auf dem Gebiet der Basis der Gesellschaft unvermeidliche Veränderungen auch im Überbau nach sich ziehen, was sich gegenwärtig vor unseren Augen vollzieht –, muß man sich schon überlegen, selbst wenn man kein Anhänger des Marxismus ist, ob es sich nicht lohnt, dessen wissenschaftliche Erkenntnisse in dieser Hinsicht nicht zu ignorieren.

Aber, wie gesagt, wir befinden uns in diesem Problemkreis erst auf der Etappe des Präludiums zum eigentlichen „Konzert", sein Anfang wird sich zu dem Zeitpunkt abzeichnen, wenn sich die Asymptote der Arbeitszeitverkürzung, die dahin zielt, die Arbeitsmöglichkeiten auf eine möglichst große Anzahl von Menschen (wenn nicht auf alle) zu verteilen, für die strukturell arbeitslosen Menschen*massen* dem Nullpunkt nähern wird. Dabei darf nicht vergessen werden, daß sich dieser Nullpunkt weit über jenem Zustand befindet, von dem heute die japanischen Unternehmer sprechen, das heißt von dem Zustand, in dem die körperliche Arbeit in der Produktion (und entsprechend die geistige Arbeit in den Dienstleistungen) zu 100 Prozent ausgeschaltet sein wird. Man kann die Arbeitszeit nicht erst auf 35 Wochenstunden herabsetzen, dann, beispielsweise, auf 25, 20 usw., bis man auf eine oder eine halbe Stunde wöchentlich kommt. Das wäre vom Standpunkt des Produktions- oder Dienstleistungsprozesses organisatorischer Unsinn, es wäre aber auch nicht weniger sinnlos vom Standpunkt der psychischen Erfahrungen des arbeitenden Menschen; unterhalb eines gewissen Minimums der Arbeitszeit (welches Minimums?) wird die sogenannte Freizeit zur psychischen Belastung: Es kommt zu einer »Verschmutzung« der Freizeit.

In dieser Situation wird es notwendig, die traditionelle Arbeit, das heißt die Erwerbsarbeit, durch nicht entlohnte Beschäftigungen zu ersetzen, die ein Äquivalent der heutigen Arbeit wären, wenn es sich um den »Sinn des Lebens« handelt, das heißt um die Motivierung menschlicher Lebenshandlungen. Es versteht sich, daß ein solcher »Ersatz« der heutigen Arbeit schon vom Standpunkt des psychischen Wohlbefindens der nicht arbeitenden Menschen notwendig sein wird – wir werden in unseren weiteren Überlegungen ausführlicher darauf zurückkommen. Da es sich aber dabei nicht um *Erwerbs*arbeit handeln wird, auf die sich der Lebensunterhalt des heutigen Menschen noch immer stützt, muß ihm die Gesellschaft die Unterhaltsmittel zur Verfügung stellen, wenn sie ihre strukturell Arbeitslosen nicht zum Hungertod verurteilen will. Das wird sie nicht wollen, und sollte trotzdem jemand auf diesen teuflischen Einfall verfallen, würde es nicht gelingen, ihn zu verwirklichen; ein Aufstand der Massen, vielleicht sogar ein blutiger, würde es verhindern. Aber es wird natürlich überhaupt nicht so weit kommen; dafür sind die besitzenden Klassen der hochentwickelten Länder viel zu vernünftig und haben in einer Zukunftsgesellschaft, die im Vergleich mit der heutigen dank ihrer Informatik und Automatisierung der Produktion und der Dienstleistungen erheblich reicher sein wird, zu viel zu verlieren, um den Verlust ihrer, wenn auch eingeschränkten, materiellen Herrschaft zu riskieren – und das infolge einer unklugen Verteidigung kurzfristiger Klasseninteressen.

Die Sorge um den Unterhalt einer wachsenden Armee

von strukturell Arbeitslosen (das Übergangsmanöver der individuellen Arbeitszeitverkürzung hat seine – wie wir schon sagten – engen und strikten Grenzen) muß also die Gesellschaft übernehmen: der Staat oder seine dezentralisierten Institutionen. Denn der Staat, als Organisation der Herrschaft des Menschen nicht über andere Menschen, sondern über die Dinge, wird selbstverständlich auch in einer höchstentwickelten Gesellschaft der Zukunft weiterbestehen. Die anderslautende These ist nur eine anarchistische Träumerei, deren Sinnlosigkeit leicht bewiesen werden kann; jedenfalls haben solche Einfälle nichts mit dem Marxismus gemeinsam. Ganz anders verhält es sich mit der Dezentralisierung dieses Staats und mit der Integrierung der Prinzipien der staatsbürgerlichen Selbstverwaltung auf allen Ebenen in seine Funktionsmechanismen. Diese Frage ist kein abstraktes Problem, und zwar nicht nur vom Standpunkt einer realistischen gesellschaftlichen Futurologie aus, sondern auch vom Standpunkt heute schon diesbezüglich zu unternehmender konkreter Maßnahmen her. Als Beispiel will ich die Denkschrift anführen, die von einer speziellen Kommission der Institution, die sich *The Santa Barbara Center for the Study of Democratic Institutions* nennt, vorbereitet worden ist. Diese Denkschrift führt den Titel *The Triple Revolution.* Sie wurde 1964, also vor zwanzig Jahren, von einem *ad hoc* gebildeten Komitee entworfen, das aus 37 Personen bestand, darunter einigen Nobelpreisträgern, die verschiedene gesellschaftliche Gruppen und verschiedene Denkschulen repräsentierten. Um Mißverständnisse zu vermeiden, sollte hervorgehoben werden, daß unter den Mitgliedern dieser Gruppe Norman Thomas, der Führer der Sozialistischen Partei, und Erich Fromm, der Psychologe und Philosoph, der sich in manchen Fragen dem Marxismus näherte, aber kein Marxist war und sich auch nicht dafür hielt, am weitesten »links« standen. Die an den Präsidenten Lyndon B. Johnson und an die Führer der republikanischen und demokratischen Parteien in den USA adressierte *Denkschrift* ist, meiner Ansicht nach, ein Dokument von historischer Bedeutung, das heute ungerechtfertigterweise in Vergessenheit geraten ist. (Es wäre zu wünschen, daß eine sich mit sozialen Fragen befassende Zeitschrift sie wieder abdruckt – und das nicht nur in den USA.) Dieses Dokument zeichnet sich durch die Breite seiner Horizonte und die Tiefe der Analyse von Erscheinungen aus, die sich erst heute in ihrer vollen Bedeutung ermessen lassen, was dem Weitblick seiner Verfasser ein nahezu schmeichelhaftes Zeugnis ausstellt. Persönlich möchte ich auf meine intellektuelle »Schuld« an dem Inhalt dieser Denkschrift hinweisen (was mir um so leichter fällt, da ich seit mehr als zehn Jahren *fellow* jenes *Santa Barbara Center* bin). An dieser Stelle möchte ich nur auf einen Gedanken der *Denkschrift* eingehen, weil er in einem unmittelbaren Zusammenhang mit unseren Erwägungen steht. Und zwar gelangten die Autoren, von der Tatsache der kybernetischen Revolution ausgehend (damals war die Mikroelektronik und die mit ihr verbundene Automatisierung noch nicht bekannt), zu dem Schluß, daß die rasche Zunahme des materiellen gesellschaftlichen Reichtums mit einer Schrumpfung der Nachfrage nach menschlicher Arbeit, die durch Maschinen ersetzt wird, Hand in Hand geht. Auf die Frage, wie der Unterhalt dieser Arbeitslosenarmee zu gewährleisten sei, antworten sie: »Wir drängen darauf (. . .), daß die Gesellschaft, durch die entsprechenden Rechts- und Regierungsinstitutionen, sich in uneingeschränkter Weise verpflichtet, jedes Individuum und jede Familie mit einem entsprechenden Einkommen zu versorgen, das ihnen von Rechts wegen zusteht*.« Dieser Vorschlag läuft praktisch auf eine Verfassungsänderung hinaus.

Es scheint das im übrigen die einzig rationale Lösung unseres Problems zu sein: Die Gesellschaft wird infolge der neuen industriellen Revolution reicher, also trägt die Gesellschaft auch die Kosten der damit verbundenen Zu-

* »We urge (. . .) that society, through it's appropriate legal and governmental institutions, undertake an unqualified commitment to provide every individual and every family with an adequate income as a matter of right.«

nahme der strukturellen Arbeitslosigkeit. Doch wie wird die Gesellschaft ihre Kasse füllen können, um diesen neuen Verpflichtungen nachzukommen? Meines Erachtens gibt es keinen anderen Weg als die Weiterführung jener Mittel, die, wie wir gesehen haben, in der Übergangsperiode dominieren werden: eine neue, noch weitgehendere Umverteilung des Nationaleinkommens, das um vieles höher sein wird als alle bisher bekannten. Das kann jedoch wiederum nur auf dem Wege der Verminderung des Anteils der besitzenden Klassen am Nationaleinkommen verwirklicht werden, obwohl diese Verminderung relativ sein wird, da dieser Anteil angesichts der geradezu stürmischen Zunahmen der Produktion – und damit auch des Nationaleinkommens – in absoluten Zahlen wachsen wird. Selbst wenn das den uneingeschränkten Verteidigern des Privateigentums, die unfähig sind, rationell zu denken, nicht gefallen sollte, gibt es keine reale Alternative für diese Lösung. Es gäbe nur die Alternative, in den Hungertod jener Millionen zur strukturellen Arbeitslosigkeit »Verurteilten« einzuwilligen (selbstverständlich »blutenden Herzens«, aber im Namen der »höheren« Prinzipien der Verteidigung der Bürgerrechte, zu denen auch das Recht auf Privateigentum gehört). Eine solche Einwilligung würde aber – und daran läßt sich kaum zweifeln – von den »Verurteilten« ignoriert werden, nötigenfalls mit der Waffe in der Hand. Diese Alternative kommt also wirklich nicht in Frage. Und jenen engagierten Verteidigern des Privateigentums gegenüber will ich mich nicht auf die eine oder andere Schule des sozialistischen Denkens berufen, sondern in meiner Antwort die päpstliche Enzyklika *Laborem exercens* anführen, die – obwohl sie sicherlich über jeden Verdacht umstürzlerischer Tendenzen erhaben ist – ausdrücklich feststellt, daß das Recht auf Privateigentum, falls es unbedingt notwendig sei, verletzt werden kann. Ich rate zu ihrer Lektüre, obwohl ich nicht verschweigen will, daß diese Enzyklika schon mehr als einem Konservativisten Kopfschmerzen bereitet hat.

Bedeutet das alles nur, daß wir den unvermeidlichen Sieg des Sozialismus als Folge der neuen industriellen Revolution verkünden? Die Antwort auf diese Frage hängt davon ab, wie man das Wort »Sozialismus« versteht.

Das was kommt – und dagegen gibt es keine Berufung –, wird kein klassischer Kapitalismus sein, höchstwahrscheinlich aber auch kein Sozialismus, der dem Modell des heute bestehenden realen Sozialismus entspricht.

Es ist nicht ausgeschlossen, daß diese Gesellschaft einer nahen Zukunft, die sich notwendigerweise von der heutigen weitgehend unterscheiden wird, zu einem Wirtschaftsmanöver greift, wie es zum Beispiel im heutigen Schweden angewandt wird. Ohne die Industrie und die Dienstleistungen (mit einigen Ausnahmen, zum Beispiel die Eisenbahnen) zu nationalisieren und ohne das Privateigentum formell zu verletzen, nimmt der Staat seinen Bürgern durch progressive Besteuerung bis zu 90 Prozent ihres Einkommens oder ihrer Gewinne, um damit seine Ausgaben zu decken. Auf diese Weise bleibt der Ansporn der Privatinitiative erhalten, gleichzeitig wird aber ein gewaltiger Teil des Nationaleinkommens vom Staat übernommen (der Teil, der übrig bleibt, wenn das persönliche Einkommen abgesetzt ist, das erfahrungsgemäß, auf einem gegebenen historischen Niveau, die Bedürfnisse des Bürgers deckt). Dieser vom Staat übernommene Teil dient wiederum zur Deckung aller *gesellschaftlichen* Bedürfnisse, darunter eventuell auch der Unterhaltskosten für eine Armee von strukturell arbeitslosen Menschen, die verschiedenen Beschäftigungen nachgehen. Das wäre etwas ganz anderes als die gegenwärtige Arbeitslosenunterstützung; denn es würde sich um eine *Rente auf Lebenszeit* handeln, deren Höhe je nach dem Charakter und der Qualität der ausgeübten Tätigkeit differenziert sein könnte, was den Unterschied zwischen einer solchen Rente und dem Arbeitslohn immer mehr verwischen würde. Ist das noch Kapitalismus?

Alles hängt davon ab, wie man diesen Begriff definiert; sicherlich ist es aber nicht mehr der klassische Kapitalismus. Sowohl das Problem des Privateigentums wie auch – und das ist besonders wichtig – die Frage des Mehrwerts stellt sich ganz anders dar als im *Kapital* von Marx. Selbst wenn es sich hier überhaupt noch um Mehrwert handelt, so bleibt er nicht in der Hand des Kapitalisten und steht ihm nicht mehr zur Verfügung, sondern geht in den Besitz der Gesellschaft über und steht ihr für die Bedürfnisse der Allgemeinheit zur Verfügung. Wenn wir also in dieser Situation die Bezeichnung »Mehrwert« beibehalten, um uns nicht in terminologische Komplikationen einzulassen, so dürfen wir nicht vergessen, daß der Inhalt dieses Begriffs sich gewandelt hat und daß wir für unser terminologisches Streben nach Bequemlichkeit den Preis von semantischen Mißverständnissen zahlen. Die »Orthodoxen« unter den Marxisten möchte ich daran erinnern, daß Lenin zur Zeit des Ersten Weltkriegs die Möglichkeit voraussah, daß es in manchen, von sozialistischen Staaten umgebenen Ländern (er führte als Beispiel die Schweiz an) zu einem spezifischen, friedlichen Übergang zum Sozialismus kommen könne, wobei der Staat das Eigentum der Kapitalisten *aufkaufen* würde und ihnen in den gekauften Produktions- beziehungsweise Dienstleistungsbetrieben leitende Managerstellungen überlassen könnte, da sie sich darin auskennen. Besteht da keine Analogie zu der oben besprochenen heutigen Situation? Wobei noch hinzuzufügen wäre, daß die gegenwärtige industrielle Revolution eine so wirkungsvolle Variable darstellt, daß man ruhig auf die Vorbedingung der Umgebung durch sozialistische Länder verzichten kann, um ein bestimmtes ökonomisches Ziel zu realisieren. Auf die damit verbundenen politischen Probleme werden wir im weiteren noch zu sprechen kommen.

Selbstverständlich wäre die Nationalisierung zumindestens der Großindustrie, der Banken und der Massenmedien eine einfachere Lösung. Damit wäre die Grundlage für die sozialistische ökonomische Gesellschaftsformation geschaffen, und der erzeugte Überschuß an Gütern würde automatisch der Gesellschaft und ihren Organen übertragen werden, vor allem dem Staat. Wird die Entwicklung in den hochindustrialisierten Ländern *nicht* einfach diesen Weg nehmen – und meines Erachtens wird es so kommen –, dann ist das eine Folge des negativen Beispiels der Länder des realen Sozialismus, die es nicht verstanden haben, die vor ihnen stehenden ökonomischen Aufgaben zu lösen und die politischen Erwartungen, die mit einem idealen Modell der sozialistischen Gesellschaftsordnung verbunden waren, zu erfüllen. Sie wirken als spezifische Gegenpropaganda, wenn es sich um die Fähigkeit des Sozialismus handelt, die gegenwärtig vor den industrialisierten Ländern stehenden Probleme zu lösen. Die Klärung dieser Tatsache würde einen Abstecher in die Geschichte der Entstehung und Entwicklung der Länder des realen Sozialismus erfordern, was den Rahmen unserer gegenwärtigen Überlegungen sprengen würde. Persönlich bin ich überzeugt, daß dieses Hindernis auf dem Weg zur Lösung der uns interessierenden Probleme auf der Basis der sozialistischen ökonomischen Gesellschaftsformation die Akzeptierung des Sozialismus nur zeitlich verschiebt und ihm sicherlich ein anderes Modell verleihen wird als das heute in den Ländern des realen Sozialismus dominierende, wobei sich das sowohl auf die Basis wie vor allem auf den Überbau dieser Gesellschaft bezieht.

Wie soll also die Gesellschaftsordnung der nahen Zukunft bestimmt werden, wenn es sich dabei weder um Kapitalismus noch um Sozialismus in der uns bisher bekannten Gestalt handelt? Ich schlage vor, sie als Gesellschaftsordnung der kollektivistischen Ökonomie zu bezeichnen, da ich keinen besseren Ausdruck finde, obwohl ich mir darüber klar bin, wie unvollkommen dieser Vorschlag ist. Die Bezeichnung ist bewußt unpräzise und verschwommen, doch gerade deswegen erlaubt sie, verschiedene Varianten ihrer Lösung und eine breite Palette von Relationen der sie konstituierenden Elemente zu erfassen, also der privat-kapitalistischen *und* gesellschaftlich-kollektivistischen Wirtschaft. Meines Erachtens ist das ein Positivum, denn gerade so wird sich die Differenzierung der Entwicklung unter verschiedenen Bedingungen darstellen. Gleichzeitig wird auf diese Weise eben das erfaßt, was für den sich unter dem Einfluß der gegenwärtigen industriellen Revolution abspielenden Wandel charakteristisch ist: der Eingriff in den Bereich des »heiligen« Rechts auf Privateigentum im Namen der gemeinschaftlichen, gesamtgesellschaftlichen Interessen. Dieser Eingriff findet seinen Ausdruck in der neuen, sich dynamisch entwikkelnden Verteilung des Nationaleinkommens im Interesse der Gesellschaftsklassen, die nicht Eigentümer der Produktionsmittel sind.

Selbst wenn dieser Prozeß dieses Eigentum nicht voll eliminiert und somit ein breites Betätigungsfeld für die private Initiative offenläßt – ein Problem, welches das gegenwärtig wirkende Modell des realen Sozialismus nicht zu lösen vermochte –, bildet er zweifellos einen bedeutsamen Schritt in Richtung eines breit verstandenen Sozialismus und gesellschaftlichen Egalitarismus (obwohl der letztere nur relativ wäre).

Diese Feststellung ist wichtig. Um so mehr, da diese Entwicklung in Richtung eines Modells der kollektivistischen Gesellschaft sich nicht nur auf die Eigentumsverhältnisse bezieht, sondern auch auf die davon abgeleiteten Verhältnisse im Bereich der Güterproduktion und Verteilung, was eine logische Konsequenz der Veränderungen im fundamentalen Bereich ist. Ich denke dabei an die Wirtschaftsplanung, sogar an eine globale Planung, wenn wir die Integrationstendenzen einer Informatik-Gesellschaft im Weltmaßstab berücksichtigen.

Entgegen dem Schein ist die Planung dem Kapitalismus nicht unbekannt, selbst wenn sie von den staatlichen Organen nur mittelbar realisiert wird, insbesondere mit Hilfe der Finanz- und Steuerpolitik, manchmal aber auch unmittelbar durch entsprechende Staatsbestellungen bei Privatfirmen oder durch die Wirtschaftspolitik des in einer Reihe von Ländern immer mächtigeren Sektors der nationalisierten Wirtschaft (eine Spitzenstellung nehmen hier Länder wie Österreich oder Frankreich ein). Der Stereotyp eines freimarktlichen Kapitalismus gilt schon seit langem nicht mehr. Es zeichnen sich zwar bei manchen Volkswirtschaftlern, zum Beispiel Milton Friedman, Tendenzen ab, die Keynessche Doktrin abzulehnen, die dem Freimarkt-Kapitalismus faktisch ein Ende bereitet hat, sie finden aber in der Praxis keine Bestätigung (es genügt, an die katastrophalen Folgen eines solchen Experiments in der Volkswirtschaft Chiles zu erinnern). Was jedoch auf diesem Gebiet aller Wahrscheinlichkeit nach infolge der gegenwärtigen industriellen Revolution und ihrer Konsequenzen eintreten wird, kann als qualitativ neue Erscheinung angesehen werden: wenn nämlich der Staat einer ganzen Armee von strukturell arbeitslosen Bürgern Unterhalt gewährleisten muß, wird er auch gezwungen sein, nicht nur auf dem Gebiet einer Neuverteilung des gesellschaftlichen Einkommens einzugreifen, um sich die für die Realisierung dieser Operation notwendigen Finanzmittel zu sichern. Er wird ebenfalls auf die Gestaltung des für den Unterhalt dieser Armee notwendigen Marktes materieller Güter Einfluß nehmen müssen. Oder, anders gesagt, er wird auch die Form der Produktion und Verteilung dieser Güter beeinflussen müssen, um nicht im Fall eines in dieser Hinsicht gestörten Marktgleichgewichts, das eine Folge von Störungen im Preisgleichgewicht sein kann, mit finanziellen Schwierigkeiten rechnen zu müssen. Die Wirtschaftsbeziehungen innerhalb einer Gesellschaft bilden eine bestimmte Gesamtheit von miteinander verbundenen Elementen, und zwar nicht im Sinne eines Syndroms, sondern eines Systems. Der Staat wird Mittel und Wege ausarbeiten müssen, um die Stabilität dieses Systems in allgemeinster Weise zu kontrollieren – bei Beibehaltung eines breiten Feldes für Konkurrenz und private Initiative –, wobei eine unerwünschte Veränderung der Lage eines der Elemente automatisch zur Veränderung bei den anderen führt.

Die Verfasser der oben besprochenen *Denkschrift* haben das Neue dieser Situation ausgezeichnet wahrgenommen und hervorgehoben, was ihrer Weitsicht und der Genauigkeit ihrer Analyse ein gutes Zeugnis ausstellt. Dabei muß auch berücksichtigt werden, daß sie ihre Analyse auf die Realitäten des größten kapitalistischen Landes der Welt gestützt haben. Wir lesen in *The Triple Revolution:* »Eine historische Entdeckung der Jahre nach dem Zweiten Weltkrieg ist die Feststellung, daß das wirtschaftliche Schicksal einer Nation gelenkt werden kann (. . .) Das Wesen der Lenkung ist die Planung. Eine demokratische Forderung ist die Planung durch öffentliche Körperschaften für das allgemeine Wohl (. . .) Das Ziel wird eine bewußte und rationale Lenkung des Wirtschaftslebens durch planende Institutionen unter demokratischer Kontrolle sein.«*

Ich habe dieses Zitat angeführt entgegen dem in diesem Buch angewandten Grundsatz, Zitate und formale »Gelehrsamkeit« zu vermeiden, nicht nur wegen seines Inhalts, sondern vor allem mit Rücksicht auf das Land, aus dem dieses Dokument stammt, und auf das Profil seiner Autoren, denen jegliche linke Anschauungen fremd sind.

Es unterliegt keinem Zweifel, daß die neue industrielle Revolution sich durch einen Reichtum an gesellschaftlichen Implikationen auszeichnet und uns zu neuen Formen der ökonomischen Gesellschaftsformation führt. Diesen Konsequenzen haben wir hier unsere Aufmerksamkeit gewidmet.

* »The historic discovery of the post-World-War II years is that the economic destiny of the nation can be managed (. . .) The essence of management is planning. The democratic requirement is planning by public bodies for the general welfare (. . .) The aim throughout will be the conscious and rational direction of economic life by planning institutions under democratic control.«

III. Wandel der sozialen Gesellschaftsformation

Für jeden, dem die Kategorien der Gesellschaftswissenschaften geläufig sind und der die Geschichte der gesellschaftlichen Entwicklung, sei es auch nur oberflächlich, kennt, muß es selbstverständlich sein, daß die Folgen der zweiten industriellen Revolution nicht nur in der ökonomischen Gesellschaftsformation zutage treten, sondern auch in ihrer sozialen und politischen Formation, also nicht nur in der Basis, sondern ebenfalls im gesellschaftlichen Überbau.

Wenn wir hier das Wort »Formation« anwenden, so verstehen wir darunter die Gesamtheit bestimmter gesellschaftlicher Beziehungen zwischen den Menschen (also der ökonomischen, sozialen, politischen usw.), die ein bestimmtes System bilden, also derart miteinander verbunden sind, daß die Veränderung eines dieser Elemente die Veränderung der anderen bewirkt, wobei aber gleichzeitig ein solches Element (oder anders: ein solcher Teil dieser Beziehungen) existiert, das durch seine Veränderungen die Grundlage für die Dynamik der übrigen bildet. Diese Rolle haben in einer ökonomischen Gesellschaftsformation die Produktivkräfte, in der sozialen Gesellschaftsformation sind es die für sie charakteristischen Klassenbeziehungen. Wir verstehen unter dem Begriff »gesellschaftliche Klasse« die Gesamtheit der Menschen, die im Rahmen einer gegebenen ökonomischen Formation vor allem durch ihr Eigentumsverhältnis zu den Produktivkräften miteinander verbunden sind (die also entweder Eigentümer der Produktivkräfte sind oder ihnen gegenüber als Besitzlose auftreten). In den Beziehungen zwischen den Gesellschaftsklassen sehen wir die Antriebskraft einer sozialen Formation innerhalb der Klassengesellschaften. Und eben in diesem Sinn stellen wir die Frage nach den sozialen Implikationen der gegenwärtigen industriellen Revolution: Welches werden ihre Folgen im Bereich der Klassenbeziehungen dieser Gesellschaft sein?

Es ist klar, daß diese Frage nicht autonom ist, daß ihre Beantwortung aufs engste mit der Analyse der Veränderungen der ökonomischen Gesellschaftsformation verbunden ist, die hier eine dominierende Rolle spielt. Trotzdem darf – und soll – man ihre Analyse relativ selbständig durchführen.

Die voraussehbaren Veränderungen der Klassenstruktur der informatischen Gesellschaft – und diese interessieren uns hier vor allen Dingen – stehen vor allem mit der Analyse der Zukunft der Lohnarbeit und der eventuellen Formen von den sie ersetzenden Beschäftigungsarten, die einen anderen Charakter haben würden, in Verbindung. Voraussetzung meiner Schlußfolgerungen in dieser Frage ist die These vom Absterben der Arbeit im traditionellen Sinn des Wortes (das heißt im Sinn von Erwerbsarbeit, für die man eine bestimmte Entlohnung erhält beziehungsweise ein preisentsprechendes Äquivalent dieser Entlohnung für das Erzeugnis der eigenen Arbeit). Dieses Absterben wäre eine Folge der Fortschritte von Automatisierung und Robotisierung auf der Grundlage der mikroelektronischen Revolution. Um Mißverständnisse zu vermeiden, sollte gleich hervorgehoben werden, daß das Absterben der *Arbeit* (im traditionellen Sinn des Wortes nicht gleichbedeutend ist mit dem Verschwinden der menschlichen *Tätigkeit,* welche die Form von verschiedenartigen *Beschäftigungen* annehmen kann. Aus verschiedenen Gründen ist ein solches Verschwinden nicht möglich. Im Verlauf unserer Gedankenführung werden wir noch auf diese Frage zurückkommen.

Wer mit meinen weiteren Überlegungen in dieser Hinsicht polemisieren wollte, muß also in erster Linie diese Voraussetzung des ganzen weiteren Gedankengangs beweiskräftig ablehnen oder zumindestens abschwächen. Um so mehr, da ihre logische Konsequenz die These vom Absterben der Arbeiterklasse ist, was das Bild der sozialen Wirklichkeit, die wir gegenwärtig kennen, von Grund auf verändern würde.

Beim ersten Blick wirken diese Thesen selbstverständlich schockierend und erwecken den Eindruck von *science fiction.* Aber das ist nur eine Folge der konservativen Eigenschaften unseres Denkens, falls es sich nicht – was noch schlimmer wäre – um den Verteidigungsmechanismus der *cognitive dissonance* handelt, eines Mechanismus, der den Geist des Menschen gegen die für ihn neuen Wahrheiten imprägniert, sobald es zu Konfliktsituationen zwischen der bisher vertretenen Ideologie und der sie negierenden Wirklichkeit kommt, wobei es nicht gelingt, diese Konfliktsituationen mit Hilfe vernünftiger Argumente zu lösen. Hier handelt es sich nicht um *science fiction,* sondern um objektive Tatsachen, deren Aussage mitunter frappierender ist als jegliche Phantastik. Es ist zum Beispiel ein Faktum, daß die sogenannte Vollautomatisierung (siehe die schon in Japan funktionierenden – und zwar nicht als Experiment, sondern als industrielle Praxis – *unmanned factories,* in denen der Produktionsprozeß bereits ohne jegliche Beteiligung des Menschen abläuft) die menschliche Arbeit völlig eliminieren wird, was sich im Dienstleistungssektor – wie sich erwiesen hat – leichter bewerkstelligen läßt als in der Produktion. Infolgedessen ist es eine Tatsache, daß die Arbeit (im traditionellen Sinn des Wortes) allmählich verschwinden wird und mit ihr auch der arbeitende Mensch: der Arbeiter – also auch die Arbeiterklasse als Gesamtheit der Arbeiter. Wir wollen hier noch nicht erwägen, ob das vom Standpunkt der für den Menschen bedeutsamen Werte gut oder schlecht ist, doch selbst wenn wir den Standpunkt einnehmen sollten, daß es tatsächlich schlecht wäre, könnten wir die bestehende Wirklichkeit nicht ändern, selbst wenn wir den Kopf noch so tief in den Sand stecken würden.

Ich möchte noch die Tatsache anführen, die nicht als Beweis, aber als historisch interessanter Umstand dienen soll (für Marxisten ist das allerdings mehr als ein Kuriosum, sondern eher ein Beweis für die Weitsichtigkeit ihres Meisters), daß nämlich Karl Marx die Situation, von der wir sprechen, vorausgesehen hat, und zwar vor weit mehr als hundert Jahren (1859) in seinem ersten Entwurf des

Kapitals, der unter dem Titel *Grundrisse* bekannt ist. Auf den Seiten 582 bis 600 dieses Werks (Berlin, Dietz-Verlag 1953), das infolge eines sonderbaren Schicksals des Manuskripts erst in den Jahren 1939 bis 1941 im Druck erschienen ist, hat Marx die Entwicklung der Automatisierung und Vollautomatisierung vorausgesehen und als Folge dessen auch eine Veränderung der Position des Proletariats und der Klassenstruktur der Gesellschaft.

In der Informatik-Gesellschaft wird die Wissenschaft ausdrücklich die Rolle einer Produktivkraft übernehmen; schon heute verändert sich die menschliche Arbeitskraft – und stirbt im gesellschaftlichen Sinn ab; in der Klassenstruktur der Gesellschaft wird schließlich die Arbeiterklasse absterben. Wie also wird sich diese Struktur darstellen?

Wir sprechen hier natürlich von einer weiteren Perspektive, sagen wir von dreißig bis fünfzig Jahren; denn solche Veränderungen verlaufen nicht blitzartig, sie brauchen Zeit für die Entfaltung der entsprechenden gesellschaftlichen Kräfte und Mechanismen.

Die Arbeiterklasse wird absterben. Wie aber wird sich die Situation der Kapitalistenklasse, das heißt der Besitzer der Produktionsmittel, zu denen auch die Großgrundbesitzer gezählt werden müssen, darstellen? Das hängt vor allem vom Charakter und vom Tempo des gesellschaftlichen Wandels ab, der in der nächsten Zukunft vor sich gehen wird (etwa zwanzig Jahre).

Es kann sich dabei um Veränderungen handeln, die – wie schon erwähnt – sozialistischen Charakter haben, die das große Privateigentum an Produktionsmitteln (und Dienstleistungen) abschaffen und damit auch die Kapitalistenklasse, was einer radikalen Änderung der Gesellschaftsstruktur entsprechen würde; wie wir festgestellt haben, sind die negativen Erscheinungen in den Ländern des realen Sozialismus ein Hindernis auf dem Weg zu solchen Veränderungen in den hochindustrialisierten Ländern. Andererseits ist aber gerade die Existenz dieser Länder ein positives Element für den Fall, daß es doch zu solchen sozialistischen Maßnahmen kommen sollte, da diese Existenz sie vor der Gefahr einer Intervention von außen schützen würde. Es würde sich also auf seltene Fälle beschränken – falls es überhaupt dazu kommen sollte.

Wahrscheinlicher scheint eine andere Variante: Gesellschaften mit einer absterbenden Arbeiterklasse und mit einer absterbenden oder jedenfalls äußerst geschwächten Kapitalistenklasse in der Stadt und im Dorf. Wenn sich nämlich die Entwicklung sogar nur darauf beschränken sollte, daß der Staat durch eine entsprechende Steuerpolitik den Kapitalisten den überwiegenden Teil ihres Einkommens abnimmt und ihnen durch eine gezielte Gesetzgebung die Möglichkeit nimmt, ihren Kindern das Vermögen zu vererben, so wäre das eine Situation, die schon weit eher als an den klassischen Kapitalismus an das früher erwähnte Leninsche Modell einer Gesellschaft erinnern würde, die den Kapitalisten ihr Eigentum abkauft und sie als Manager wirken läßt. Das Problem der politischen Stärke einer solchen ökonomisch und sozial absterbenden Klasse wollen wir im nächsten Kapitel besprechen – in dieser Hinsicht können die Dinge verschieden verlaufen.

Damit zeichnet sich also die Gestalt einer Gesellschaft ab, deren zwei Hauptklassen absterben. (Die Bauernschaft klammern wir hier aus unserem Interessenbereich aus, obwohl die Entwicklung der Automatisierung in einer etwas entfernteren Perspektive auch sie in den Lauf der Ereignisse hineinziehen wird.) Was wird an ihre Stelle treten? Wahrscheinlich eine gesellschaftliche Schicht, die sich aus Wissenschaftlern, Ingenieuren, Technikern und Managern zusammensetzt, welche die Verantwortung für die Leitung und Entwicklung der Industrie und der Dienstleistungen übernehmen werden. Besonders werden innerhalb dieser Schicht Spezialisten auf dem Gebiet der Verteilung der verschiedenartigsten Güter einen wichtigen Platz einnehmen. Daß sich diese Gesellschaftsschicht aus Vertretern der Technik und aus Managern – den Organisatoren der Produktion und der Dienstleistungen – zusammensetzen wird, ist selbstverständlich. Es kommen noch die Vertreter der Wissenschaft hinzu (und zwar nicht nur mit Rücksicht auf die Technologie, sondern auch Vertreter der Grundwissenschaften – der Mathematik, Physik, Chemie, Biologie usw.), ohne die jegliche Entwicklung einer modernen Technologie unmöglich wäre, was dadurch begründet ist, daß die Wissenschaft heute ein Produktionsinstrument ist, und zwar ein immer wichtigeres, das über die weitere Entwicklung entscheidet. Diese neue Gesellschaftsschicht ist nur in einem gewissen Sinn neu; denn nicht nur ihre Elemente, also die zu ihr gehörenden Spezialistengruppen, sondern auch der Funktionsmodus ihres Wissens als Produktionsinstrument ist schon früher aufgetreten und tritt auch heute auf – diese Gesellschaftsschicht also wird nicht so zahlreich sein wie die beiden Klassen, deren Platz sie einnehmen wird, wogegen sie aber mit Rücksicht auf ihre gesellschaftlichen Funktionen diese beiden vollkommen – und wohl mit einem höheren Effizienzgrad – ersetzen wird.

Warum sprechen wir von einer »Schicht« und nicht von einer »Gesellschaftsklasse«? Das steht im Zusammenhang mit der gegenwärtig funktionierenden Definition des Begriffs »Klasse«, nach der das spezifische Merkmal einer Klasse sich – wie schon gesagt – auf das Verhältnis ihrer Mitglieder zum Eigentum an den Produktionsmitteln stützt. Man kann natürlich dieses spezifische Kriterium abändern, und im Fall des Absterbens der Arbeit im traditionellen Sinn des Wortes sowie einer Änderung des Statuts des Eigentumrechts an den Produktionsmitteln wird eine solche Neudefinierung des Begriffs »Klasse« sogar zur Notwendigkeit. Klassenspezifisch kann doch nicht nur das Eigentum an den Produktionsmitteln sein, vielmehr zum Beispiel auch der Besitz der politischen Macht. Und in diesem Fall würde sich erweisen, daß jene durch spezifische Bande ihrer sozialen Funktion verbundene Population, die wir als »Schicht« bezeichnet haben, faktisch eine Gesellschaftsklasse ist. Um so mehr, da ihre Mitglieder, wenn es sich sogar um das Eigentum an Produktionsmitteln handelt – unter der Voraussetzung, daß die Wissenschaft schon heute ein Produktionsmittel ist – über dieses Eigentum verfügen. Wenn wir jedoch das heute vorherrschende Verständnis der Ausdrücke berücksichtigen, wäre es richtiger, den Begriff »Schicht« beizubehalten, um semantische Mißverständnisse zu vermeiden.

Doch mit den Fragen der Klassenstruktur ist die soziale Problematik, die eine Folge der gegenwärtigen industriellen Revolution ist, keinesfalls ausgeschöpft, obwohl sie die Grundlage dieser und anderer Probleme bildet. Wir werden im weiteren drei von diesen Fragenkomplexen berühren, die einen Teil des traditionellen reformatorischen Gedankenguts ausmachen, angefangen von den großen Systemen des utopischen Sozialismus: die Frage der Überwindung der Unterschiede zwischen der körperlichen und geistigen Arbeit, zwischen der Arbeit in der Stadt und auf dem Land sowie die Frage des wirtschaftlichen Egalitarismus als Grundlage der Überwindung der anderen sozialen Ungleichheiten.

Einer der Träume der großen sozialistischen Systeme auf der Schwelle vom 18. zum 19. Jahrhundert, damals noch eine Utopie, war die Überwindung des Unterschieds zwischen der körperlichen und geistigen Arbeit. Dieser Traum implizierte zu jener Zeit nicht nur die Forderung der Abschaffung jeglicher schweren körperlichen Arbeit, sondern auch die Abschaffung der Unterschiede im gesellschaftlichen Status zwischen diesen Berufskategorien. Wie gesagt, damals hatte diese Losung utopischen Charakter, da es keine Möglichkeiten gab, sie zu verwirklichen. Sie blieb auch im Rahmen des Marxschen Sozialismus eine Utopie, der sie aus dem Rüstzeug der Postulate alter Systeme des sozialistischen Denkens übernommen hatte. Eine reale Gestalt hat diese Forderung zum ersten Mal in unserer Epoche angesichts der Perspektiven der Informatik-Gesellschaft angenommen. Unter ihrem Einfluß wird die körperliche Arbeit absterben, wobei gleichzeitig das, was von der alten Arbeit übrig bleibt, den Charakter geistiger Tätigkeit annimmt, die zudem noch eine schöpferische Tätigkeit sein wird; denn soweit es sich um wiederholbare Funktionen der geistigen Arbeit handelt, die sich gerade deswegen automatisieren lassen, so werden auch sie absterben. Es wird also zu einer originellen Verwirklichung der alten Losung kommen: nicht auf dem Weg der

Angleichung beider Arten von Arbeit, sondern durch die Liquidierung einer von beiden. Die Art und Form der Verwirklichung dieser Losung wird somit neu sein, anders als man sich das ursprünglich vorgestellt hatte, dafür aber effektiv. Das führt zu weitgehenden Veränderungen, unter anderem in der gesellschaftlichen Position der Schicht, die man als Intelligenz bezeichnet. Wenn sich alle Menschen in der einen oder anderen Weise geistig betätigen werden, wird die Ausgliederung der Intelligenz als einer Schicht mit besonderen Merkmalen und spezifischen gesellschaftlichen Aufgaben aus der Gesamtheit der Menschen jeden Sinn verlieren – die Gesamtheit der Menschen wird die Intelligenz bilden. Das ist besonders einleuchtend, wenn man berücksichtigt, daß die ständige Weiterbildung *(continuous education)* eine der Hauptformen der Lösung des Problems, das die strukturelle Arbeitslosigkeit darstellt, sein wird. Anders stellt sich die Frage der Intellektuellen dar (im Sinn der schöpferisch tätigen Intelligenz), die weiterhin in jeder Gesellschaftsformation eine separate, wenn auch relativ schmale soziale Gruppe bilden werden, selbst wenn ihre Zahl unter den neuen Bedingungen im Vergleich zu der heutigen wachsen wird. Es sei denn, daß es auch in diesem Bereich zum Eingriff des *genetic engineering* kommen sollte und damit zur serienmäßigen Produktion von Genies. Doch das gehört schon in den Bereich der *science fiction,* zumindest im Hinblick auf den heutigen Wissensstand auf diesem Gebiet.

Die Überwindung der Unterschiede zwischen der Arbeit auf dem Land (in der Landwirtschaft) und in der Stadt (industrielle Produktion und Dienstleistungen) bleibt dagegen immer noch eine aktuelle Forderung, obwohl ihre Verwirklichung heute realer erscheint als in früheren Zeiten. Schon können dank der Mikroelektronik in Landwirtschaftsmaschinen manche Arbeiten auf dem Feld sogar nachts automatisch ausgeführt werden, eine bessere automatische Düngung der Felder vor der Saat wird möglich usw. Die weitere Entwicklung des *genetic engineering* wird nicht nur eine immense Vergrößerung des Ertrags ermöglichen, sondern auch eine Selektion der Pflanzen, die deren Widerstandsfähigkeit gegen ungünstige Temperaturen erhöhen und ihnen durch Symbiose mit entsprechenden Bakterien die direkte Stickstoffaufnahme aus der Luft ermöglichen wird, wodurch die Notwendigkeit der Bodendüngung entfallen würde. Der Fortschritt auf diesem Gebiet ist unerhört, und die Zukunft verspricht noch weit größere Errungenschaften. Nichtsdestoweniger unterscheidet sich die Arbeit auf dem Land – besonders in der Viehzucht – immer noch grundsätzlich, qualitativ, von der Arbeit in der Stadt, und die Überwindung dieses Unterschieds zeichnet sich einstweilen noch nicht am Horizont ab.

Selbstverständlich verringert die Entwicklung der modernen *mass media* die Distanz zwischen dem Dorf und den Kulturzentren und ermöglicht einen besseren Konsum der Kulturproduktion; die Schaffung von Glasfaserverbindungen (»Verkabelung«) zwischen isolierten und weitverstreuten Siedlungen oder sogar einzelnen Farmen, dazu der Einsatz von Computern, wie das heute schon in Kanada praktiziert wird, mindert weitgehend die Vereinsamung derer, die in der Landwirtschaft tätig sind; die modernen, immer perfekteren und leicht zugänglichen Kommunikationsmittel (Autos, Hubschrauber, Kleinflugzeuge, Motorboote usw.) wirken in derselben Richtung. Trotz alledem bleibt aber der Unterschied, und zwar ein qualitativer, weiterhin bestehen, sowohl wenn es sich um Quantität und Qualität der Arbeit handelt, die der Landwirt, im Gegensatz zum Stadtbewohner, weiterhin für seine Produktion aufwenden muß (auf Grund heute vorhandener Daten), und das selbst unter den Bedingungen der gegenwärtigen industriellen Revolution, wie auch wegen der Distanz, die ihn von den großen Zentren entfernt, was sich in seinen kulturellen, gesellschaftlichen, politischen und ähnlichen Tätigkeiten ausdrücken muß.

Natürlich kann man sich auch einen radikalen Wandel im Modell der heutigen Urbanisierung mit ihrem Trend zur Bildung einer in ihren Dimensionen und der damit verbundenen Lebensqualität furchterregenden Megalopolis vorstellen; man kann weiterhin von Gartenstädten träumen, in denen städtische und dörfliche Siedlungen so weit vermischt sind, daß durch Modifizierung ihrer Ausmaße und der gegenseitigen Entfernungen das größte Hindernis auf dem Weg ihrer Annäherung im Bereich der heute noch für sie spezifischen Lebensqualität beseitigt wird; aber, leider, ist das alles derzeit nichts als *science fiction*. Es lohnt sich jedoch, die Aufmerksamkeit in den uns hier interessierenden Überlegungen auch auf dieses literarische Genre zu lenken, da es den Weg weist zu dem, was in diesem Bereich nicht nur wünschenswert, sondern auch möglich ist, wenn man die heutigen technischen Möglichkeiten berücksichtigt. Und das ist schon allerhand.

Noch komplizierter stellt sich die Frage des Ausgleichs der gesellschaftlichen Unterschiede (eines spezifischen sozialen Egalitarismus) als Folge des sich vollziehenden Wandels in der technologischen und ökonomischen Basis der Gesellschaft dar. Es gibt eine Denkrichtung, die der Ansicht ist, daß die Fortschritte im Bereich des (relativen) wirtschaftlichen Egalitarismus automatisch zur Schrumpfung der anderen Unterschiede im gesellschaftlichen Leben der Menschen führen werden. Ich halte diese Ansicht für allzu optimistisch; die vor sich gehenden Veränderungen können zwar zum verstärkten sozialen Egalitarismus – bis zum Verschwinden der Klassenunterschiede – führen, sie können aber auch – und die Gefahr ist vollkommen real – zum Entstehen von neuen Unterschieden führen, die vielleicht noch tiefer wären als die bestehenden, ja sogar zum Entstehen einer totalitären Gesellschaft neuen Typs. Das führt uns aber schon zu Überlegungen, die sich auf die politische Formation der Gesellschaft beziehen, denen wir das nächste Kapitel widmen wollen. Hier wollen wir die Aufmerksamkeit nur auf ein Grundproblem lenken, das zum Bereich der sozialen Fragen gehört, so wie wir sie definiert haben.

Es unterliegt keinem Zweifel, daß das Absterben der Arbeit im traditionellen Sinn des Wortes das Absterben oder zumindest die Statusänderung des Privateigentums an den Produktionsmitteln zur Folge haben wird und somit auch die Veränderung der Klassenstruktur der Gesellschaft, die Ausschaltung (oder zumindest die Abschwächung) bestimmter sozialer Unterschiede zwischen den Menschen, vor allem jener Differenzen, die auf Vermögensunterschieden basierten, aber in der Folge auch wohl jener, die mit der Klassenabstammung verbunden waren (die Unterschiede, die eine Folge der nationalen Abstammung oder der Religion sind, haben, wie die Erfahrung lehrt, einen viel hartnäckigeren Charakter). Das wäre zweifellos ein Schritt nach vorn in der Richtung eines spezifischen sozialen Egalitarismus, wenn nicht die Gefahr drohen würde, daß neue Differenzierungen sich herausbilden, die unter bestimmten politischen Bedingungen äußerst tief sein könnten.

Wo stecken die Quellen einer solchen Gefahr?

Sie stecken darin, daß es erneut zu einer Teilung der Menschen kommen kann – in die, welche etwas gesellschaftlich Wichtiges besitzen, und jene, die über keinen solchen Besitz verfügen. Dieses »etwas« wäre in unserem Fall Information (im allerweitesten Sinn des Wortes), die unter bestimmten Umständen das Eigentum an Produktionsmitteln ersetzen könnte als Kriterium einer neuen gesellschaftlichen Schichtung. Diese Schichtung würde an die heutige Klassenteilung erinnern, selbst wenn sie nicht mit ihr identisch sein sollte.

Gegenwärtig zeichnet sich eine deutliche Teilung ab in die, welche wissen, wie ein Computer funktioniert, und jene, die nicht über ein solches Wissen verfügen. Doch uns geht es hier nicht um dieses »Wissen« und »Nicht-Wissen«; das ist eine vorübergehende Erscheinung, die dank der Lehrprogramme der Schulen auf diesem Gebiet rasch verschwinden wird. Das, worum es sich wirklich handelt, ist hartlebiger und kann eine Tendenz aufweisen, sich mit der zeitlichen Entwicklung dieser Probleme zu vertiefen. Es ist die »Information«.

Wir sprechen von einer Informatik-Gesellschaft in dem Sinn, daß alle Bereiche des gesellschaftlichen Lebens von Informationsprozessen und einer Art künstlicher Intelligenz erfaßt werden, die mit den Computern der Folgegenerationen verbunden sein wird. Es handelt sich jedoch nicht nur darum, wie dieser Prozeß in verschiedenen Bereichen des gesellschaftlichen Lebens verlaufen wird, sondern auch darum, in wessen Händen die Ergebnisse dieses allumfassenden Informationsprozesses sich befinden werden und wie man sie nutzen wird. Je weiter dieser Prozeß fortschreitet, desto gefährlicheren Charakter erhält die Teilung in Besitzer und Nichtbesitzer der entsprechenden Informationen. Diese Teilung kann, unter bestimmten Umständen, Klassencharakter annehmen, wie wir das schon oben festgestellt haben. Ich werde versuchen, den Sinn dieser sehr allgemein gehaltenen Behauptung an einem konkreten Beispiel zu erläutern.

Das Repräsentantenhaus der Vereinigten Staaten hat ein spezielles Laboratorium ins Leben gerufen, dessen Aufgabe es ist, den Einfluß der neuen Informationstechniken auf die Sphäre des Privatlebens *(privacy)* zu untersuchen sowie auch auf die Bürgerrechte der Einwohner der USA. Woher diese Sorge? Ganz einfach daher, weil die Gefahren auf diesen Gebieten mit der wachsenden Computerisierung so offenkundig sind, daß die Gewerkschaften – übrigens nicht nur in den USA – angefangen haben, darauf zu reagieren. Den Anfang machte die Frage der Fabriktätigkeit der Arbeiter; der Computer registriert jeden Prozeß, jede Arbeitsunterbrechung, das Arbeitstempo, die Produktivität usw. und verursacht – wie sich erwiesen hat – einen Streßzustand beim Kontrollierten, insbesondere in einer Situation, wo die Resultate einer solchen »Beobachtung« den Arbeitsverlust zur Folge haben können, und dies zu einem Zeitpunkt, in dem unter dem Druck der Massenarbeitslosigkeit die Konkurrenz verschärft ist. Es leuchtet ein, daß die Gewerkschaften sich der Angelegenheit angenommen haben.

Aber das Problem wird noch viel ernster, wenn wir zur allgemeinen Information übergehen, die jeden Staatsbürger angeht.

Jede Institution, mit der er in der einen oder anderen Weise verbunden ist, speichert ihn betreffende Informationen, die zu ihrem Interessengebiet gehören, im Computer: seine Arbeitsstelle, die Sozialversicherung, das Krankenhaus und das Ambulatorium, die Schulen, politische Parteien, Gewerkschaften usw.

Im Prinzip werden diese Informationen von jeder dieser Institutionen für sich gesammelt. Stellen wir uns aber vor, was passieren würde, wenn irgendeine »Superinstitution« – handelt es sich um Institutionen und Privatpersonen, gilt in den meisten Ländern der Datenschutz gegenüber allen gespeicherten Informationen – die Möglichkeit hätte, alle diese Daten von den einzelnen darüber verfügenden Institutionen über eine Person zusammenzufassen und eine Analyse auf Grund des gesammelten Materials zu erstellen. Solche Institutionen gibt es in *jedem* Land, und in dem Augenblick, in dem sie sich auf ein »höheres Interesse« berufen, gilt für sie kein normales Verbot. Mithin könnte eine solche Institution nicht nur so gut wie alles über eine bestimmte Person wissen, sondern praktisch sogar mehr und zuverlässiger, als diese Person es selber weiß (was ja verständlich ist, wenn man die psychologischen Barrieren berücksichtigt, die sich auf dem Weg der Selbstanalyse vor jeder Persönlichkeit häufen). Was für unglaubliche Möglichkeiten nicht nur für eine gewöhnliche Erpressung, sondern für um vieles raffiniertere Methoden der Manipulation eröffnen sich hier. Plazieren wir dergleichen in ein Gesellschaftssystem mit einer starken und weitentwickelten Bürokratie, sind wir nicht mehr weit von der Orwellschen Vision entfernt. Es besteht also genügend Anlaß, sich zu sorgen, und genug Grund für den Versuch, das Übel zu vermeiden. Eine Aufgabe, die, wie wir im Lauf unserer Überlegungen zur Frage der politischen Formation noch sehen werden, keineswegs einfach und leicht zu lösen ist.

Wir wollen jedoch auf das uns beschäftigende Problem der Möglichkeit neuer gesellschaftlicher Ungleichheiten zurückkommen und der Chance unsere Aufmerksamkeit widmen, daß auf dieser Grundlage neue Quasi-Klassenteilungen der Gesellschaft entstehen. Es zeichnet sich nicht nur die Gefahr ab, sondern ist geradezu unvermeidlich, daß die Entwicklung der Informatik-Gesellschaft eine neue Teilung in Besitzende und Nichtbesitzende herbeiführen wird; es wird also eine Grundlage geschaffen, die zur Differenzierung der Gesellschaft in einer klassenähnlichen Weise führen kann. Es würde sich dabei nicht einmal um die banale Angelegenheit der Teilung in die, welche über das entsprechende technische Wissen im Bereich der Informatik verfügen, und jene, die kein solches Wissen haben, handeln – wie ich schon sagte, läßt sich dieser Mangel am leichtesten durch eine entsprechende Ausweitung der Schulprogramme überwinden, was im übrigen schon heute stattfindet –, nein, es handelt sich um eine Teilung in die, welche über entsprechende Informationen verfügen (das bezieht sich ja auf verschiedene Sphären des gesellschaftlichen Lebens) und jene, die keinen Zutritt zu ihnen haben (Amtsgeheimnis!). Eine große Gefahr und ein schwieriges Problem! Doch damit beschreiten wir schon ein neues, obwohl ebenfalls gesellschaftliches Gebiet: die Politik.

IV. Wandel der politischen Gesellschaftsformation

Wenn der Charakter der ökonomischen Gesellschaftsformation auf Grund des Eigentums an den Produktionsmitteln – das heißt des privaten oder gesellschaftlichen Eigentums an diesen Mitteln (wobei wir unter Produktionsmitteln sowohl das Werkzeug wie auch die Rohstoffe verstehen) – bestimmt wird, wenn weiterhin für den Charakter der sozialen Formation die Klassenstruktur der Gesellschaft maßgebend ist, so entscheidet über den Charakter der politischen Gesellschaftsformation das Verhältnis zwischen dem Individuum und der Gesellschaft, welches das durch Vermittlung des Verhältnisses zwischen dem Individuum und den gesellschaftlichen Institutionen, vor allem dem Staat, seinen Ausdruck findet. Die politische Gesellschaftsformation entspricht der Gesamtheit der dreigliedrigen Beziehungen: Individuum – gesellschaftliche Institutionen – Gesellschaft, deren Ausdruck vor allem das Vorhandensein der Demokratie ist, in der Grundbedeutung dieses Worts, also »Volksherrschaft« – oder ihr Fehlen im Sinn der Herrschaft einer einzelnen Person über die übrige Gesellschaft (Autokratie), der Herrschaft einer bestimmten Gesellschaftsklasse über den Rest der Gesellschaft (Aristokratie oder Herrschaft der besitzenden Klassen, angefangen von der Sklaverei bis zum Kapitalismus) oder – im allerallgemeinsten Sinn – als völlige Unterwerfung der Individuen unter die Herrschaft des Staates oder seiner Organe (Totalitarismus).

Selbstverständlich ist diese Klassifizierung schematisch, sie verliert aber die Demokratie als Zentralproblem nicht aus dem Blick. Der Terminus »Demokratie« ist vieldeutig, die in ihm begriffene Problematik besitzt verschiedene Aspekte und daher die Möglichkeit, das Problem auf verschiedene Weise anzugreifen. Schließlich ist der Sinn dieses Begriffs historisch veränderlich und im

Kontext der Realien einer konkreten Epoche und eines konkreten Landes verwurzelt. Wenn man also das Wort »Demokratie« ausspricht, öffnet man Tür und Tor für die Frage »Wovon ist eigentlich die Rede?«, und damit kann eine solche Anzahl von Denkschulen das Wort ergreifen, daß einem Zweifel ankommen, ob eine Verständigung in dieser Sache überhaupt möglich ist. Aber das ist schon die Domäne wissenschaftlicher Diskussion. Das, worum es sich hier handelt, läßt sich mit dem gesunden Menschenverstand bewältigen; es läßt sich dann – unter der Voraussetzung, daß man die Frage von den Positionen der gegebenen Epoche und unter Anwendung des für diese Epoche charakteristischen allgemeinsten Wertsystems untersucht – verhältnismäßig einfach der Kern der Frage hervorholen. In unseren Zeiten und unter unseren Verhältnissen lautet er, ob und inwiefern das Individuum an den Beschlüssen teilnehmen kann, die das Schicksal der Gesellschaft bestimmen, und zwar von ihren untersten bis zu den höchsten Gliedern, wobei diesem Individuum das Recht auf relative Unabhängigkeit seiner Persönlichkeit erhalten bleibt.

Zwar läßt sich auf Grund dessen, was eben gesagt wurde, ausdrücklich feststellen, daß jedes Wort ein Problem enthält – und manchmal ein äußerst kompliziertes Problem –, aber gleichzeitig bleibt ein »Rest« übrig, der es erlaubt, die für uns an dieser Stelle allerwichtigste Frage zu formulieren: Wird die gegenwärtige industrielle Revolution auf die politische Formation der heutigen Gesellschaften im Westen und im Osten (im politischen und nicht rein geographischen Sinn dieser Teilung) einen Einfluß ausüben, und falls ja, dann welchen? Es handelt sich dabei vor allem um die Realisierung der Demokratie.

Die Autoren des schon erwähnten Dokuments *The Triple Revolution* waren in der Frage des Fortschritts der Demokratie in der Periode der damals sogenannten »kybernetischen Revolution« eher optimistisch, ja geradezu euphorisch, wenn es sich um die hochindustrialisierten kapitalistischen Länder handelte. Sie schließen ihr Dokument mit folgender Aussage zu diesem Thema ab:

»Die Kybernetik-Revolution verspricht eine Existenz, die qualitativ reicher sein wird an demokratischen wie an materiellen Werten . . . Demokratie kann sich nur gründen auf eine politische Ordnung, in der der Reichtum für und durch die Menschen verteilt ist und für das breiteste gesellschaftliche Wohl gebraucht wird. Mit dem Erscheinen einer Ära des Überflusses erhalten wir die ökonomische Basis für eine wahre Demokratie der Mitbestimmung, in der die Menschen sich nicht mehr als Gefangene von gesellschaftlichen Kräften und Entscheidungen fühlen müssen, die ihrer Kontrolle und ihrem Verständnis entgehen.«*

Man kann hier Töne einer spontanen materialistischen (oder ökonomistischen?) Geschichtsauffassung heraushören; das, was gesagt wurde, klingt ansprechend und ist, als Möglichkeit, richtig, doch nichtsdestoweniger, meiner Ansicht nach, allzu optimistisch.

Vor allem fehlt in dieser Diagnose die Erkenntnis der Gefahr neuer Trennlinien zwischen den Besitzenden und den Nichtbesitzenden, womit wiederum die Gefahr verbunden ist – wie wir das schon oben festgestellt haben –, daß es zu neuen Quasi-Klassenkonflikten kommt. Anfang der sechziger Jahre war eine solche Optik des Problems noch nicht existent oder existierte erst in einer embryonalen Form. Wir haben es heute mit einem reiferen Phänomen zu tun, obwohl die weitere Entwicklung noch gefährlichere Formen dieser Erscheinung mit sich bringen wird.

Und auf diesem Hintergrund zeichnet sich die Perspektive eines eingeschränkten Kapitalismus ab, dessen Modell wir im vorigen Kapitel skizziert haben als wahrscheinlichsten Entwicklungstyp der hochindustrialisierten Länder unter dem Druck der zunehmenden Welle der zweiten industriellen Revolution und der damit verbun-

* The cybernation revolution proffers an existence qualitatively richer in democratic as well as material values . . . Democracy can only be rooted in a political order in which wealth is distributed by and for people, and used for the widest social benefit. With the emergence of the era of abundance we have the economic base for a true democracy of participation, in which men no longer need to feel themselves prisoners of social forces and decisions beyond their control or comprehension.

denen strukturellen Arbeitslosigkeit. Wir wollen hier auf zwei Möglichkeiten der Gefährdung der Demokratie in dieser Situation hinweisen.

Erstens geht sie aus von einer Klasse individueller Kapitalisten, deren Einkommen zwar beschränkt worden sind, in deren Händen sich aber noch immer das Steuer der Industrie und der Dienstleistungen in deren Schlüsselpositionen befindet – selbst wenn ihnen gewisse Einschränkungen auferlegt werden sollten. Das wird ihnen weiterhin eine enorme Stärke verleihen, besonders wenn wir das wachsende Monopol auf Informationen jeglicher Art berücksichtigen, das sich im Besitz einer besonders qualifizierten Gesellschaftsschicht befinden wird: der Bürokratie auf verschiedener Ebene und jener, die dank ihrer Fachkompetenzen »wissen«. Wird es nicht zu einer spezifischen »Allianz« kommen – in manchen Fällen sogar zu einer »Personalunion« besonderer Art – zwischen jener Restklasse von Kapitalisten und den »Neokapitalisten«, die über alle Informationsquellen verfügen? Sicher wird es dazu kommen, jedenfalls wird es solche Tendenzen geben, denn es wäre politisch naiv, anzunehmen, daß die alte Kapitalistenklasse ihre Positionen widerstandslos aufgeben wird, ohne je den Versuch zu unternehmen, die für sie positiven Möglichkeiten zu nutzen. Die Information kann nämlich die politische Herrschaft jener abtretenden oder absterbenden Klasse zementieren, insbesondere wenn wir dazu noch das Element des Nationalismus oder des »Kampfes gegen den Kommunismus« fügen und berücksichtigen, daß dieser Popanz auch in der Zukunft als Kinderschreck nicht weniger effektiv genutzt werden kann als heute. Wir dürfen auch nicht vergessen, daß es weiterhin ein *military establishment* mit seinen Gruppeninteressen geben wird, das am Anfachen internationaler Konflikte interessiert sein wird – den tatsächlichen wie den vom Zaun gebrochenen.

Im übrigen handelt es sich in diesem Fall um eine allgemeine methodologische Richtlinie: Die politischen Probleme sollte man nicht isoliert von der Gesamtheit des gesellschaftlichen Lebens betrachten. Wenn wir aber in dieser Weise vorgehen, so beginnt die demokratische Euphorie, von der oben die Rede war, zu verblassen, und alle diesbezüglichen Gefahren beginnen sich schärfer abzuzeichnen. Ist es denn etwa so, daß jene absterbende Kapitalistenklasse, die – wir wiederholen es – immer noch das Steuer der Industrie und der Dienstleistungen in ihren Händen hält und um die Erhaltung dieser Positionen kämpft, im Bündnis mit dem *military establishment* und zumindest mit einem Teil der Bürokratie der Informatik-Periode tatsächlich daran interessiert sein wird, die potentiellen Möglichkeiten der Entwicklung der politischen Demokratie anzuregen, die von der Entfaltung einer Gesellschaft des Überflusses *(welfare state)* favorisiert werden? Meiner Meinung nach sicherlich nicht. Diese Klasse wird über zahlreiche Möglichkeiten verfügen, um eine solche Entwicklung zu erschweren, wenn nicht gar zu stoppen. Auf welche Weise? Nun, indem sie eine Gesellschaft entwickelt, die zwar materiell reich ist, aber *totalitär* – und dementsprechend gefügig. Das liegt nahe, und wenn wir noch die Möglichkeit hinzufügen, nach dem Rüstzeug des Nationalismus und Antikommunismus zu greifen, was wir auf Grund eigener Erfahrungen gut genug kennen, so ist ein solcher Trend wahrscheinlicher als eine Entwicklung zur Demokratie.

Doch ist das nur die eine Domäne der Bedrohungen. Es gibt noch eine andere, die um so gefährlicher ist, da sie nicht mit der absterbenden Klasse in Verbindung steht, sondern mit einer Institution, deren Entwicklung auf die Zukunft hin orientiert ist und die, sei es auch nur aus organisatorisch-ökonomischen Gründen, viel stärker sein wird als gegenwärtig. Ich denke an die übernationalen Konzerne *(transnational corporations)*, an die Multis, die schon heute in einigen Fällen wirtschaftlich mächtiger sind als viele große Staaten und die außerdem, schon dank ihrer übernationalen Struktur und dem entsprechenden Einflußbereich, große Möglichkeiten haben, die internationale Politik zu beeinflussen. Um diesen Einfluß auf die internationale Politik geht es mir hier vor allem; denn wenn es sich um eine Hilfestellung für die totalitären Tendenzen handelt, so ist dieser Einfluß von vorrangiger Bedeutung.

Die weitere wirtschaftliche und gesellschaftliche Entwicklung wird nicht nur den Einfluß der multinationalen Konzerne nicht verringern (trotz der immer wiederholten Kritik ihrer Tätigkeit, ja selbst der Beschuldigungen, daß sie dem Imperialismus und Neokolonialismus behilflich sind), sondern wird sie – im Gegenteil – noch weiter vergrößern infolge der Entwicklungstendenzen der Wirtschaft in einer globalen Richtung. Diese Tendenz bewirkt, daß die *transnationals* die künftige Entwicklung der Wirtschaftsorganisation vorausnehmen und in einem gewissen Sinn ihr künftiges Modell repräsentieren. Außer anderen Vorteilen ermöglicht ihnen ihr transnationaler Charakter eine bedeutende Elastizität und Effektivität, sowohl wenn es sich um den Produktionsprozeß selbst handelt, wie auch auf dem Gebiet des Absatzes. Aber sobald diese Multis sich mit der Volkswirtschaft verschiedener Länder verbinden, was auch positive Auswirkungen haben kann, erringen sie gleichzeitig einen ungeheuren Einfluß auf diese Wirtschaft, sowohl im Bereich legaler wie auch illegaler Mittel (Korruption). Unvermeidlich wird dieser Einfluß dabei um so größer sein, je ärmer das ihm unterworfene Land ist. Wenn wir noch die Waffe der Information hinzufügen, welche die verschiedensten und verzweigtesten Tätigkeiten und außerökonomischen Bindungen ermöglicht, so erhalten wir die Vision einer neuen Entwicklungsetappe des Imperialismus, einer Etappe, deren Analyse noch aussteht.

Es ist verständlich, daß wir es hier mit einem nicht geringfügigen Element zu tun haben, nicht nur wenn es sich um die Stärke und den Einfluß der sich wandelnden Kapitalistenklasse handelt, sondern auch um den Erfolg totalitärer Tendenzen, die dem Selbstverteidigungsbedürfnis dieser Klasse entsprechen werden. Und gerade deswegen ist die künftige Gestalt der Informatik-Gesellschaft keineswegs eindeutig bestimmt, und man hat alle Gründe, skeptisch zu sein, wenn es sich um ihr Demokratieverständnis handelt.

In Wirklichkeit zeichnen sich hier zwei mögliche Wege der Entwicklung der hochindustrialisierten kapitalistischen Länder ab.

Erstens ist eine Entwicklung möglich, wie sie im Dokument *The Triple Revolution* postuliert wurde, das heißt die Entwicklung zu einer Gesellschaft, die nicht nur materiell reicher ist, sondern auch ein höheres Niveau der Demokratie erreicht. Sie würde eine wirkliche Teilnahme aller Bürger nicht nur am wachsenden Nationalreichtum ermöglichen, sondern ihnen auch den Status eines Menschen verleihen, der von materiellen Sorgen befreit ist und sich infolgedessen auf die schöpferische Entwicklung seiner Persönlichkeit und auf gesellschaftliche Angelegenheiten konzentrieren kann. Das ist keine Utopie, das ist eine reale Möglichkeit, die in den reichen und hochindustrialisierten Ländern verwirklicht werden könnte, falls die partikulären Interessen der besitzenden Klassen ihnen nicht den Weg versperren.

Zweitens ermöglicht es auch den anderen Entwicklungsweg, nämlich den in Richtung einer reichen Gesellschaft (auch im Falle des Einzelnen), aber einer totalitären im politischen Sinne. Für die vermögenden Klassen ist nicht die Wohlhabenheit der Massen eine Bedrohung, im Gegenteil, sie beruhigt die Massen und macht sie fügsamer, besonders wenn sie überzeugt werden können, daß sie ihren Wohlstand den Herrschenden verdanken. Die Bedrohung besteht darin, daß sich durch die Demokratie ihre Teilnahme am politischen Geschehen verstärken könnte. Dann kann man erwarten, daß sich die vermögenden Klassen wehren und daß ihre Angriffe auf politischer Ebene erfolgen würden.

Was ich oben über den demokratischen Entwicklungsweg gesagt habe, ist nur eine Möglichkeit. Es bleibt die Alternative, es bleibt die Gefährdung des demokratischen Entwicklungswegs durch den Totalitarismus, der dem Individuum die Möglichkeit einer freien Tätigkeit nehmen würde und verhindern könnte, daß es sich für eine wirkliche Partizipierung der breiten Massen am politischen Leben ausspricht.

Diese Überlegungen haben keinen spekulativen und abstrakten Charakter, wie das vielleicht so scheinen mag. Ihre Voraussetzungen stecken im festen Boden der heutigen Wirklichkeit und der voraussehbaren Entwicklung; ihre Schlußfolgerungen weisen ebenfalls nicht in die Richtung abstrakter Grübeleien, sondern einer realen politischen Tätigkeit. Denn die Tatsache, daß man sich bewußt wird, was infolge der oben dargestellten Verzweigung der Entwicklungswege hochindustrialisierter Gesellschaften real möglich ist, impliziert einen Appell zum *Handeln* mit dem Ziel, den demokratischen Weg zu verwirklichen, der für die Menschen besser ist, gehen wir nur von dem heute mehr oder weniger allgemein akzeptierten Wertsystem aus. Es ist eine Warnung, die besonders an die Adresse jener politischen Parteien gerichtet ist, die ein Programm des gesellschaftlichen Fortschritts verkünden. Diese Warnung beinhaltet, daß die zweite industrielle Revolution keineswegs spontan zu höheren Formen der Demokratie führen muß, sondern – unter bestimmten Bedingungen – geradezu zu ihrer Negierung führen kann. Persönlich erschreckt auch das fehlende Verständnis dieser offenkundigen Wahrheit in den Programmen der fortschrittlichen Parteien, darunter auch der revolutionären Parteien mit einer marxistischen Ideologie. Das, worum sie so hartnäkkig kämpfen und was sie auf ihre Banner geschrieben haben – die Abschaffung des Privateigentums an den Produktionsmitteln –, wird in großem Maße spontan als Folge der Fortschritte der Revolution der Mikroelektronik realisiert werden, wogegen das, was sie mit einem mehr oder weniger diskreten Schweigen übergehen – der Kampf um eine demokratische Gestalt dieser zukünftigen Gesellschaft (in einer nicht allzu entfernten Zukunft übrigens) –, eine volle Mobilisierung aller Kräfte erfordert, vor allem aber eine Aufklärung der Gesellschaft über diese Fragen.

Die Entstehung des Faschismus in einer nicht allzu fernen Vergangenheit sollte ein *memento mori* sein. Damals hat der Totalitarismus in einer Weise gesiegt, die für viele unerwartet kam – darunter auch für die revolutionäre Bewegung in der Welt –, obwohl die Tatsachen lautstark auf die bevorstehende Gefahr hinwiesen; man konnte oder wollte sie einfach nicht wahrhaben. Diese Geschichte hat ausdrücklich erwiesen, was der *Furor* der besitzenden Klassen vermag, wozu er fähig ist, wenn sich diese Klassen in ihrer Herrschaft real bedroht fühlen. Und das kann sich wiederholen, trotz aller schönen Perspektiven andererseits. Das darf man nicht zulassen. Die fortschrittlichen und revolutionären Parteien haben es – leider – verlernt, auf die Perspektiven der Zukunft zu schauen, sie haben ihre gesellschaftliche Einbildungskraft verloren; außer der Kriegsgefahr und den damit verbundenen Rüstungen wollen sie nur die täglichen Bedürfnisse des schon errungenen Besitzstandes sehen und hüten. Ein solcher Quietismus der Einbildungskraft kommt heute einem politischen Verbrechen gleich; seiner Überwindung sollte auch die Tätigkeit der Theoretiker auf dem Gebiet gesellschaftlicher Probleme dienen. Hier stellt sich die Frage der moralischen Verantwortung des Gelehrten.

Wie stellen sich nun die Implikationen der zweiten industriellen Revolution dar, wenn es sich um die politische Formation der Länder des realen Sozialismus handelt? Bisher haben wir uns in unseren Überlegungen auf die hochindustrialisierten kapitalistischen Länder beschränkt. Wir haben jedoch schon vorher festgestellt, daß der Einfluß dieser Revolution auf das Leben der heute bestehenden Gesellschaften nicht systemgebunden ist, und wenn bestimmte Erscheinungen auf dem Gebiet der ökonomischen und sozialen Gesellschaftsformation in den Ländern des realen Sozialismus in abgeschwächter Form oder in manchen von ihnen überhaupt noch nicht auftreten, so liegt das an ihrer relativen Rückständigkeit im Vergleich mit den hochindustrialisierten Ländern, wenn es sich um die Anwendung der Mikroelektronik in der Produktion und in den Dienstleistungen handelt. Aber es werden alle diese Probleme, wenn auch mit einer gewissen Verspätung, von sich hören lassen.

Ich halte durchaus meine These aufrecht, daß sich unser Interesse vor allem den Implikationen der gegenwärtigen industriellen Revolution auf dem Gebiet der politischen

Formation dieser Gesellschaften zuwenden sollte. Soweit es sich um die ökonomische und die soziale Formation handelt, so sind die Probleme, deren Lösung wir früher postuliert haben (das Eigentum an den Produktionsmitteln und die Klassenstruktur) im Prinzip in den Ländern des realen Sozialismus schon gelöst worden; darin besteht, wie wir schon festgestellt haben, ihre Überlegenheit gegenüber den kapitalistischen Ländern vom Standpunkt der Schwierigkeiten der Übergangsperiode. Selbstverständlich gibt es auch auf diesem Gebiet noch offene Fragen, die in der Zukunft eine einschlägige Lösung finden müssen (zum Beispiel der große Komplex der ökonomisch-sozialen Probleme, der mit der Frage »Vergesellschaftung *oder* Verstaatlichung« verbunden ist).

Wir wollen mit einer These anfangen, die zu beweisen ist, daß nämlich das Hauptproblem der kapitalistischen Länder im Zusammenhang mit der gegenwärtigen industriellen Revolution mit der Frage des Wandels ihrer ökonomischen und sozialen Formation verbunden ist, während es für die Länder des realen Sozialismus in gesellschaftlicher Beziehung darin bestehen wird, daß sie ihre *politische* Formation umwandeln müssen (im Sinn von Veränderungen im Rahmen der bestehenden Formation). In Übereinstimmung mit dem, was wir oben über die Hauptprobleme und Antriebskräfte dieser Formation gesagt haben, handelt es sich dabei vor allen Dingen um die Frage der Demokratie.

Wir wollen hier die Frage der Beziehung zwischen der gesellschaftspolitischen Ordnung der Diktatur des Proletariats und der Demokratie nicht weiter erörtern, um so weniger, als es auf diesem Gebiet von vieldeutigen und unklaren Begriffen wie »Diktatur« und »Demokratie« nur so wimmelt und, zweitens, da es fundamentale Unterschiede in der Auffassung der Bedeutung des Begriffs »Diktatur des Proletariats« zwischen den Autoren gibt, die im Bereich der Theorie des Marxismus als die maßgeblichsten gelten (Engels – Lenin – Gramsci). Wir wollen uns hier also nicht auf die Fragen einlassen, die heute das Zentrum der Polemik innerhalb der marxistischen Bewegung selbst bilden, und wollen als gegeben akzeptieren, daß die politische Ordnung der Diktatur des Proletariats eine spezifische (ja sogar höhere) Form der Demokratie ist. Diese Ordnung verwirklicht tatsächlich in einem gewissen Sinn eine Form der Demokratie, die der bürgerlichen überlegen ist, denn sie liquidiert das Privateigentum an den Produktionsmitteln und beseitigt so eine der Grundlagen der sozialen Ungleichheit und damit ein Hindernis auf dem Weg zur Realisierung einer faktischen und nicht nur formalen Demokratie.

Das stimmt soweit; da sich aber das Problem der Demokratie nicht nur auf diese ökonomische Seite zurückführen läßt, ist die Behauptung, die Diktatur des Proletariats, so wie sie gegenwärtig in den Ländern des realen Sozialismus verwirklicht wird, sei eine *höhere* Form der Demokratie, zumindest übertrieben. Eine gegenüber der bürgerlichen höhere Form der Demokratie müßte nämlich alle Errungenschaften der ersteren erhalten (und diese hat zweifellos Errungenschaften aufzuweisen, die im Kampf gegen den Feudalismus gewonnen wurden) und sie durch neue Errungenschaften bereichern – vor allem dadurch, daß sie die Grundlage schaffen würde, um die formalen Forderungen der bürgerlichen Demokratie in reale umzuwandeln –, das aber keinesfalls in der Weise, daß sie die schon bestehenden Errungenschaften einschränkt oder gar völlig aufhebt. Es handelt sich dabei vor allem um das breite Gebiet, das als »Bürgerfreiheiten« bezeichnet wird. Auch in diesem Fall will ich mich hier nicht auf kritische Erörterungen einlassen, sondern möchte eher in positiver Weise darlegen, welche Wandlungen auf diesem Gebiet von der Entwicklung der industriellen Revolution diktiert werden.

Erstens werden sicherlich die Einschränkungen der Gedankenfreiheit auf wissenschaftlichem Gebiet fallen, und zwar nicht nur jener Wissenschaft, die direkt oder indirekt mit der Technik verbunden ist; andernfalls würde die Gefahr drohen, den Wettlauf zum 21. Jahrhundert, dessen Verlauf von der wissenschaftlich-technischen Revolution vorgezeichnet wird, unweigerlich zu verlieren. Würden die wissenschaftlichen Errungenschaften durch die Zahl der Worte bestimmt werden, die über diese Revolution ausgesprochen worden sind, so hätten die Länder des realen Sozialismus den unbestrittenen Vorrang auf diesem Gebiet. Leider sind sie im Vergleich zu den hochindustrialisierten kapitalistischen Ländern in diesem Wettlauf in vielen Bereichen zurückgeblieben, vor allen Dingen überall dort, wo es sich um die Mikroelektronik und die Mikrobiologie handelt (inklusive *genetic engineering*).

Wenn wir über die Ursachen dieser Erscheinung nachdenken, können wir feststellen, daß neben der Verknöcherung einer Reihe von humanistischen Disziplinen mit der Philosophie an der Spitze, ohne welche die Möglichkeit einer Entwicklung der Naturwissenschaften mit einem breiten Horizont nicht gegeben ist, auch das Fehlen an Gedankenfreiheit und an Möglichkeiten wissenschaftlicher Diskussion eine Rolle spielt, ohne die jedes Wissensgebiet eintrocknen muß. Dieser Mangel war auch für die uns hier interessierenden Naturwissenschaften charakteristisch. Ein geradezu abschreckendes Beispiel dafür war das Massaker auf dem Gebiet der Biologie, das von Lyssenko und seinen Anhängern veranstaltet wurde, wobei es ihnen, unterstützt von politischen Instanzen, gelang, die Entwicklung der Biologie in den Ländern des realen Sozialismus um einige Jahrzehnte zurückzuwerfen. Als weitere Beispiele könnte man die Kybernetik, die Chemie, die Relativitätstheorie usw. anführen.

Wir wollen aber mit diesen tristen Erinnerungen – die leider nicht nur Erinnerungen sind – keinen Masochismus betreiben, sondern lediglich ganz allgemein feststellen, daß diese Krise ohne den Triumph der Gedankenfreiheit in *allen* Sphären des wissenschaftlichen Denkens (ohne die Humanistik im allgemeinen und die Philosophie im besonderen auszulassen) nicht zu überwinden ist. Falls man sie aber nicht überwindet, droht eine Niederlage mit schwersten praktischen Konsequenzen; denn der Kampf um den Sieg im Wettlauf zum 21. Jahrhundert spielt sich nicht nur auf dem Gebiet der Rüstung ab (obwohl man, leider, auch dieses Gebiet nicht unterschätzen darf), sondern auch – und vielleicht vor allem – auf dem Gebiet der wissenschaftlich-technischen Revolution.

Doch gerade deswegen bin ich Optimist: Eines Tages – möge es nur nicht zu spät sein – wird man sich »oben« darüber klar werden, um welchen Einsatz faktisch gespielt wird. Und dann wird eine Szene ablaufen, die der einst während der fünfziger Jahre vom Akademiker Berg in der UdSSR organisierten ähnlich sein wird, als es sich um die Ablehnung der Kybernetik in den Kreisen der marxistischen Philosophie handelte, was deren Entwicklung unmöglich machte. Berg hat damals die Philosophen versammelt und ihnen gesagt: Sehr geehrte Genossen, wir wollen euretwegen den Krieg nicht verlieren, wir brauchen die Kybernetik, um Raketen zu bauen. Und in der nächsten Nummer einer der philosophischen Zeitschriften erschien ein Artikel, in dem die Kybernetik hochgepriesen wurde, von einem Autor übrigens, der sie bis dahin bekämpft hatte.

Im Namen desselben Ziels – um den Wettlauf der beiden Systeme nicht zu verlieren – wird man, ganz allgemein formuliert, sagen müssen: Genossen, wir brauchen die Demokratie im Sinn der Gedankenfreiheit, der Freiheit von wissenschaftlichen Diskussionen und ohne jegliches »Tabu«; denn andernfalls werden wir den Wettlauf zum 21. Jahrhundert verlieren. Möge sich dieses Bewußtsein so schnell wie möglich durchsetzen; wir befinden uns nämlich in einer den Schachspielern bekannten Situation: in Zeitnot. Wenn aber dieser Sieg errungen wird – und ich bleibe in dieser Hinsicht bei meinem Optimismus –, so wird man die sozialen Konsequenzen der gegenwärtigen industriellen Revolution gerne respektieren.

Aber es handelt sich um Demokratie nicht nur im Sinn der Freiheit wissenschaftlichen Denkens, sondern, ganz allgemein, ebenfalls um die politischen Freiheiten. Wird auch diese Sphäre der Demokratie faktisch ausgeweitet werden?

In diese Richtung wird die Diffusion der Freiheit des wissenschaftlichen Denkens im gesellschaftlichen Bewußtsein drängen. Wenn sie, wie ich schon sagte, eine

Notwendigkeit ist, deren Alternative der verlorene Wettlauf zum 21. Jahrhundert wäre, so lassen sich die Grenzen nicht festlegen, welche die Theorie von der Praxis trennen, etwa so: in der Theorie ja, in der Praxis nein; bestimmte Gebiete der Wissenschaft, die man bei diesem freiheitlichen Trend nicht beiseite lassen kann, ohne die Gesamtheit der Operation in Frage zu stellen, sind mit Politik und Ideologie organisch eng verbunden. Es handelt sich dabei um die ganze Humanwissenschaft, besonders aber um die Philosophie und die Gesellschaftswissenschaften. Es wird sich nicht durchführen lassen, daß die Gelehrten, die sich auf ihren einschlägigen theoretischen Gebieten der Forschungsfreiheit erfreuen und die Möglichkeit haben, ihre Ansichten frei auszusprechen, sich in Fragen der politischen Praxis einem Schweigegebot unterwerfen, insbesondere da ihre theoretischen Untersuchungen, wie schon gesagt, häufig unmittelbar politischen Charakter haben. Die Frage wird sich also *aut – aut* stellen; entweder wird man den Fortschritt der Wissenschaft einschränken müssen und das damit verbundene politische Risiko auf sich nehmen, oder man muß die Forschungsfreiheit und die Möglichkeit zulassen, die entsprechenden Anschauungen auszusprechen, die politische Praxis inbegriffen. Doch in diesem Fall würde das weitere Konsequenzen im Sinn der politischen Demokratie nach sich ziehen, was zum Wandel der gegenwärtig herrschenden Formation führen muß. Das ist um so wahrscheinlicher, da die Tendenzen zur Weiterentwicklung der Selbstverwaltung auf verschiedenen Ebenen des gesellschaftlichen Lebens und unterschiedlichen Typs in derselben Richtung wirken werden. Wir werden später darauf zu sprechen kommen, da dies eine der bedeutsamsten gesellschaftlichen Folgen der gegenwärtigen industriellen Revolution ist.

Schließlich wird mit der Zeit ein einigermaßen paradoxer, aber nichtsdestoweniger realer Faktor zu wirken beginnen: Mit dem Absterben der Arbeiterklasse in ihrer klassischen Gestalt – als unvermeidliche Folge der Automatisierung und Robotisierung der Produktion und der Dienstleistung – wird sich die Frage der Diktatur des Proletariats in einem ganz neuen Licht darstellen. Wir haben bereits bestimmte Schwierigkeiten erwähnt, die mit diesem Begriff verbunden sind und im übrigen eine ernsthafte Polemik innerhalb der internationalen kommunistischen Bewegung hervorgerufen haben. Trotzdem ließe sich dieser Begriff – wie die Praxis zeigt – noch aufrechterhalten, was seinen eindeutigen Ausdruck im politischen Leben der Länder des realen Sozialismus gefunden hat. Immer noch ließ sich die ganze Sache so interpretieren – obwohl das nicht immer glaubwürdig war –, daß es sich *objektiv* um das Interesse des Proletariats handelte und es in diesem Sinn seine eigene Macht war, die die Herrschaft ausübte. Wenn aber das Proletariat als Gesellschaftsklasse abstirbt und schließlich verschwindet, wird sich keine Interpretation und kein Winkelzug mehr aufrechterhalten lassen. Wessen Diktatur wird dann die Diktatur des Proletariats *ohne* Proletariat sein?

Ich denke – ob das jemand paßt oder nicht –, daß in einer solchen Situation die ideologische Überzeugungskraft der alten Theorien, die durch die mit ihnen verbundene Tradition die Praxis belasten können, verschwinden wird, daß sich bestimmte Stereotypen in nichts auflösen werden und man genötigt sein wird, auf eigene Verantwortung zu denken und den eigenen Verstand zu gebrauchen. Das bedeutet nicht automatisch auch eine Lösung des Problems im Geist einer realen Zunahme von Demokratie, aber es bedeutet schon viel, denn es nimmt den Polemikern das Pseudoargument, es handle sich doch »um *unsere* Demokratie«; als ob irgendeine Demokratie, und noch dazu eine angeblich höhere, darin bestehen könnte, daß die Grundlagen der Demokratie einfach negiert werden. Es bedeutet auch deswegen viel, weil es sogar jenen Menschen alle Grundlagen der Argumentation wegzieht, die am schwersten vom Verteidigungsmechanismus der *cognitive dissonance* erfaßt sind, und sie auf diese Weise zwingt, die Augen offen auf die Wirklichkeit zu richten. In einer konkreten Situation würde das die Möglichkeit erschließen, neue Anhänger der Demokratie auch in den Ländern des realen Sozialismus zu gewinnen, was in der Folge zur Veränderung der politischen Formation dieser Länder im Sinn ihrer Demokratisierung führen könnte.

So jedenfalls stellen sich die Möglichkeiten dar. Heißt das nun, daß sie bestimmt realisiert werden müssen? Das will ich nicht behaupten, obwohl es mein heißer Wunsch wäre; denn als Alternative zu dieser Entwicklung würde die Niederlage drohen. Leider kann man sie nicht gänzlich ausschließen; noch immer wirken machtvolle konservative Mechanismen, und, ähnlich wie bei den kapitalistischen Ländern, ist auch hier eine Wende zum Totalitarismus durchaus denkbar.

Das würde um so leichter fallen, da in dem einen oder anderen Stärkegrad bestimmte Elemente des Totalitarismus unter dem Deckmantel der schön klingenden Formel, die Diktatur des Proletariats sei »eine höhere Form der Demokratie«, in allen Ländern des realen Sozialismus auftreten: je nach der Tradition des Landes und des gesellschaftlichen Charakters seiner Bürger unter verschiedener Gestalt. Diese Länder sind einstweilen gesellschaftlich zu schwach, um demokratische Formen der Machtausübung voll akzeptieren zu können, obwohl sie durch die Abschaffung des Privateigentums an den Produktionsmitteln eine reale Basis für ihre Entwicklung geschaffen haben.

Die Alternative heißt also: entweder Entwicklung zur Demokratie oder die eine oder andere Form des Totalitarismus. Der Preis, der für die Realisierung des zweiten Gliedes dieser Alternative zu zahlen wäre, ist die Niederlage im Konkurrenzkampf mit den kapitalistischen Ländern samt allen ihren weiteren Folgen: ein sehr hoher Preis. Und dennoch besteht eine solche Möglichkeit. Gibt es in den Ländern des realen Sozialismus gesellschaftliche Kräfte, welche die Entwicklung in eine in letzter Instanz verhängnisvolle Richtung treiben könnten? Bestimmt gibt es sie; es handelt sich dabei vor allem um die Partei- und Staatsbürokratie, die ihre Herrschaftspositionen verteidigt, welche sie im Fall einer Demokratisierung der politischen Ordnung unvermeidlich verlieren würde. Deswegen ist sie bereit, gegen einen entsprechenden Wandel zu kämpfen, wobei sie manchmal tatsächlich an ihre an den Haaren herbeigezogene ideologische Phraseologie glaubt.

Doch das alles ist nur ein Ding der Wahrscheinlichkeit, sicher kann man da nicht sein; allzu viele Variablen sind im Spiel, um eine präzise Prognose zu ermöglichen. Um so mehr ist es am Platz, nicht nur die Entwicklungsalternativen darzulegen, sondern auch an jene zu appellieren, von denen die Richtung dieser Entwicklung abhängt, damit sie in ihrer praktischen Tätigkeit den demokratischen Trend fördern. Das wäre sicherlich nicht nur zum Nutzen der Länder des realen Sozialismus selbst, sondern auch der Welt im Globalausmaß. Eine Störung des Entwicklungsgleichgewichts in einem Teil unserer gesellschaftspolitisch geteilten Welt wäre nämlich auch für die Gesamtheit eine verhängnisvolle Gefahr – und das nicht nur in einer Hinsicht.

Wie aus dieser Analyse folgt, wird die gegenwärtige industrielle Revolution die Gesellschaften mit aller Schärfe vor die Wahl ihrer politischen Formation stellen: Demokratie oder Totalitarismus. Daraus folgt aber nicht, daß das Resultat dieser Wahl überall eindeutigen Charakter haben wird: volle Demokratie oder voller Totalitarismus. Die konkrete Gestalt der Gesellschaften wird eher mehr oder weniger gemischt sein; in dieser Richtung werden einerseits die von der gegenwärtigen industriellen Revolution bedingten Notwendigkeiten wirken, andererseits wird die Situation von bestimmten Traditionen, der Lage des betreffenden Landes sowie vom gesellschaftlichen Charakter seiner Bürger bestimmt werden. Aber diese beiden Trends – der demokratische und der totalitäre – werden mit besonderer Kraft wirken und die Gestalt aller anderen gesellschaftlichen Probleme beeinflussen. Ihrerseits werden wieder diese anderen gesellschaftlichen Erscheinungen und Institutionen auf die Entwicklung jener Haupttrends ihren Einfluß ausüben, auf das Ringen zwischen ihnen, auf den Sieg des einen oder anderen beziehungsweise auf ihre Verflechtung, welche die Form verschiedenartigster Kompromisse annehmen kann. Unter diesen gesellschaftlichen Erscheinungen und Institutionen verdient der Staat unsere besondere Aufmerksamkeit.

Welchen Einfluß wird die gegenwärtige industrielle Revolution auf Rolle und Funktionen des Staates ausüben?

Der Staat als gesellschaftliche Institution hat bekanntlich eine übermächtige Rolle bei der Entwicklung der Totalitarismen verschiedener Färbung und verschiedener politischer Nuancen gespielt. Daher stammt einerseits der Kultus des Staats, der für die Anhänger des Totalitarismus kennzeichnend ist (ein Kult, der sogar im Fall seiner »roten« Anhänger unverbrämt ist, so daß diese, angesichts der offiziellen marxistischen Liturgie, zu der sie sich bekennen, sich den Luxus eines offenen Widerspruchs leisten müssen, indem sie das Postulat vom Absterben des Staates verkünden und gleichzeitig allseitig bemüht sind, seine Macht zu vergrößern). Andererseits erklärt sich daher seine heftige Ablehnung von seiten der Gegner des Totalitarismus, die sich zum Ideal einer staatenlosen, sich selbst verwaltenden Gesellschaft bekennen, soweit es sich um die extremen, aber (theoretisch und praktisch) naiven Vertreter dieses Standpunkts handelt. Worin drückt sich die Naivität, gleichzeitig aber auch der utopische Charakter dieser Anschauungen aus? Darin, daß keine entwickelte Gesellschaft imstande ist, ohne die Institution des Staates auszukommen, im Sinne der Organisation der »Verwaltung der Dinge«, wie das Engels bezeichnet hat. Deswegen hat auch, außer den Anarchisten, niemand solche abstrusen Ideen vertreten.

Mit Rücksicht auf mögliche Mißverständnisse in dieser Beziehung (sei es auch nur angesichts der marxistischen These vom »Absterben des Staates« nach der proletarischen Revolution) halte ich es für notwendig, noch einmal zu wiederholen – wir haben diese Frage schon früher erwähnt –, daß der Marxismus sich nicht nur immer aufs schärfste vom Anarchismus distanziert hat, sondern daß er gleichzeitig mit der These, der Staat als Organisation der physischen Gewalt werde in einer klassenlosen Gesellschaft absterben, die Ansicht vertrat, daß der Staat als »gesellschaftlicher Verwalter«, als Apparat für die Verwaltung nicht der Menschen, sondern der Dinge, weiterbestehen werde. Das aber bedeutet, daß in einer modernen, entwickelten industriellen Gesellschaft (wir können heute sagen: in einer Informatik-Gesellschaft mit der sie begleitenden Automatisierung und Robotisierung) die gesellschaftliche Macht des Staates um ein Vielfaches wachsen wird.

Daher also die Zweideutigkeit des Begriffs »Staat«. Das richtige Verständnis dieser Zweideutigkeit situiert den Marxismus außerhalb des sinnlosen Geredes von einer »staatenlosen« Gesellschaftsordnung. Wenn man nicht zusätzlich erläutert, was man damit im Sinn hat, widerspricht nämlich dieses Gerede dem, was sich vor unseren Augen abspielt: der Zunahme der Funktionen des Staates und ihrer Notwendigkeit (ich spreche hier von den Funktionen, die nicht mit physischem Gewalteinsatz verbunden sind). Wer sollte sich denn schließlich mit der Wirtschaftsplanung, mit dem Gesundheitswesen, mit dem Schulwesen, mit der Kommunikation aller Arten usw. in einem gesamtgesellschaftlichen Maßstab befassen, wenn die Institution Staat verschwinden sollte? Heute ist sie notwendiger als gestern, morgen wird sie – angesichts der technischen Entwicklung und der mit ihr verbundenen gesellschaftlichen Beziehungen – notwendiger sein als heute. Würde es in dieser Lage eine Institution wie den Staat nicht geben, müßte man sie erfinden. Was keinesfalls der Entwicklung von verschiedenartigen Selbstverwaltungsinstitutionen widerspricht. Es handelt sich dabei nämlich um komplementäre Institutionen, nicht um solche, die sich gegenseitig ausschließen, vorausgesetzt natürlich, daß man ihre Rolle und ihre Funktionen richtig erfaßt hat.

Die Festigung des Staates mit allen seinen heutigen Funktionen wird vor allem von zwei Faktoren bewirkt werden: dem Interesse der besitzenden Klassen, das antidemokratische, totalitäre Lösungen begünstigen und zu diesem Zweck einen entsprechenden, für diesen Zweck geeigneten Apparat benötigen wird, auch einen Apparat für physische Gewaltanwendung – und dem *military establishment,* das in seiner Argumentation die äußere Bedrohung an die Spitze stellen wird. Man kann sich nämlich nur schwer vorstellen, daß Konfliktsituationen und internationale Spannungen in dieser Periode verschwinden werden; schon die heutigen Vorbereitungen in dieser Hinsicht begründen die Annahme, daß sie sich eher verschärfen werden.

Wenn es sich dagegen um die unmittelbaren Folgeerscheinungen der Informatik-Revolution im Funktionieren des Staates handelt, so muß wiederum festgestellt werden, daß sie von zweierlei Art sein werden und daß es heute nicht möglich ist vorauszusagen, welche dieser Tendenzen endgültig überwiegen wird.

Einerseits wird nämlich die Entwicklung der Informatik in *zentralisierender* Richtung wirken, womit die Notwendigkeit und die Funktionen des staatlichen Apparats, der die Gesamtheit der Operationen koordiniert und lenkt, verstärkt werden: vor allem auf dem Gebiet der Wirtschaftsplanung, der Produktion und Verteilung der Güter, wie wir das schon oben begründet haben; dann auf dem Gebiet der Sammlung von Informationen über den einzelnen Staatsbürger, was – leider – weiterhin von den entsprechenden, zu diesem Zweck gegründeten Institutionen durchgeführt werden wird; weiterhin auf dem Gebiet der verschiedensten Informationen, die nur im Zentralmaßstab funktionieren und genutzt werden können, zum Beispiel meteorologische, ökologische Daten, Auffinden natürlicher Bodenschätze, Ergebnisse bestimmter wissenschaftlicher Forschungen usw. – alles scheinbar »unschuldige« Funktionen, die aber die zentralisierende Tätigkeit des Staates unterstützen und verstärken.

Andererseits wirkt aber die Entwicklung derselben Informatik glücklicherweise auch in Richtung einer *Dezentralisierung* der gesellschaftlichen Funktionen, wobei sie zum ersten Mal reale Bedingungen dafür schafft. Dazu gehört alles, was mit der lokalen Selbstverwaltung auf verschiedener Ebene im Sinn einer relativen Unabhängigkeit gegenüber den Zentralbehörden verbunden ist, zum Beispiel auf dem Gebiet der Lokalverwaltung mit allen ihren Aspekten (angefangen von Wirtschaftsfragen, über das Schulwesen, den Gesundheitsschutz, Transport- und

Kommunikationsfragen bis zur Sozialfürsorge verschiedener Art – Alters-, Jugend-, Behindertenfürsorge usw.). Das widerspricht nicht der oben aufgestellten These, daß fast alle diese Fragen einer zentralen Aufsicht von seiten des Staates bedürfen; es handelt sich dabei um verschiedene Aspekte dieser Probleme, um ihre verschiedenen Seiten: es gibt unter ihnen solche, bei denen zentralisierte Entscheidungen notwendig sind, aber auch andere, die in lokalem Maßstab gelöst und organisiert werden können – und sollen, die also dezentralisierungsfördernd sind. Und darin besteht die einzig richtige Lösung des Dilemmas »Staat oder lokale Selbstverwaltung«, denn das Dilemma ist im Grunde genommen ein Scheindilemma, an dessen Stelle man die Formel setzen sollte: »Zentralismus und lokale Selbstverwaltung« – das alles also nicht im Sinn von sich ausschließenden Gegensätzen verstanden, sondern im Geist der *Komplementarität*.

In diesem Kontext wäre zuletzt noch eine wichtige Frage im Rahmen der Selbstverwaltungsproblematik zu berühren. Selbstverständlich ist auch das Wort »Selbstverwaltung« vieldeutig. Außer der Bedeutung, von der wir oben gesprochen haben – das heißt einer relativen Unabhängigkeit der Lokalbehörden gegenüber der Zentralbehörde –, gibt es noch die Grundbedeutung des Worts: die Verwaltung, die durch den Bürger selbst ausgeübt wird, unabhängig von den staatlichen Institutionen und ihren Organen, darunter auch von den dezentralisierten lokalen Behörden. In diesem Sinn ist der Begriff »Selbstverwaltung« mit dem Begriff »Demokratie« verknüpft (etymologisch »Herrschaft des Volkes«), obwohl beide Begriffe nicht identisch sind. Wenn wir aber in der Einführung zu diesen Überlegungen, die in einem gewissen Sinn politologisch sind, festgestellt haben, daß das Zentralproblem der politischen Gesellschaftsformation die Demokratie ist, so muß uns die Frage der Selbstverwaltung – in ihrer Grundbedeutung – interessieren. Es lohnt sich also, auf die besonderen Implikationen der zweiten industriellen Revolution in dieser Hinsicht hinzuweisen; die Informatik eröffnet der direkten Demokratie neue Perspektiven, also auch der Selbstverwaltung der Bürger im unmittelbaren Sinn des Wortes. Sie ermöglicht die allgemeine Anwendung einer Institution wie des Volksreferendums in einem bislang unbekannten Maßstab, was bisher einfach technisch unmöglich war. Das kann das ganze politische Leben der Gesellschaft erschüttern – und zwar im Sinn seiner Demokratisierung.

Das Volksreferendum als Institution der Willensäußerung der Gesamtheit der Bürger eines bestimmten Landes in bezug auf bestimmte gesetzgeberische Akte beziehungsweise auf wichtige konkrete Maßnahmen der Behörden ist ein Bestandteil der unmittelbaren Demokratie; die Gesamtheit der Staatsbürger verleiht ihrem Willen unmittelbar Ausdruck, nicht durch Vermittlung des einen oder anderen Vertreters. Selbstverständlich ist das eine umständliche Prozedur, besonders in Ländern mit großer Bevölkerungszahl. Und selbst dort, wo diese Institution in der Verfassung vorgesehen ist, wird sie faktisch sehr selten angewandt – eine Ausnahme bildet in dieser Hinsicht die Schweiz –, mit Rücksicht auf die technischen Schwierigkeiten, die insbesondere dann auftreten, wenn es sich um rasche Entscheidungen handelt. Nun wird sich aber die Informatik-Gesellschaft mit dem Einsatz von weiteren, perfektionierteren Computer Generationen und mit der allgemeinen Anwendung von Glasfaserleitungen in einer völlig neuen Situation befinden; faktisch wird es durchaus keine Hindernisse mehr geben, um die unmittelbare Demokratie tagtäglich anzuwenden. Natürlich wird das der Bürgerselbstverwaltung im breitesten Sinn des Wortes ganz neue Möglichkeiten eröffnen. Heute ist es noch zu früh, um daraus konkrete Schlußfolgerungen zu ziehen und neue Formen der politischen Gesellschaftsformation vorauszusehen – das wäre *science fiction* und nicht wissenschaftliche Prognose, denn in diesem Fall wirken noch andere Variablen, von denen schon oben die Rede war. Also handelt es sich auch hier nur um eine Möglichkeit, allerdings um eine, die tief in das gesellschaftliche Leben eingreifen könnte. Was aber in dieser Hinsicht faktisch geschehen wird, hängt von der Tätigkeit der Menschen ab.

Zum Abschluß wollen wir eine bestimmte Beobachtung verallgemeinern, die einen bedeutenden Einfluß auf unsere weiteren Erwägungen über die Stellung und Rolle des menschlichen Individuums in der neuen Situation haben wird, die durch die industrielle Revolution herbeigeführt wird: Hat der Wandel als Folge dieser Revolution auf dem Gebiet der ökonomischen und sozialen Gesellschaftsformation in großem Maß spontanen Charakter und die Merkmale einer Notwendigkeit, so zeichnen sich im Bereich der politischen Gesellschaftsformation nur Alternativen und Präferenzen ab, die vom akzeptierten Wertsystem abhängig sind. Man kann das auch anders ausdrücken: Je weiter wir in den Überbau der Gesellschaft vordringen, desto größere Bedeutung gewinnt die ihrer Ziele bewußte Tätigkeit der Menschen. Sie *wählen* nämlich unter den verschiedenen Möglichkeiten jene, die ihnen aus bestimmten Rücksichten am meisten entsprechen. Hier gestaltet der Mensch seine Zukunft selbst. Desto größer ist aber auch seine Verantwortung, und desto wichtiger ist es, daß er diese Wahl bewußt trifft. Desto größer ist demnach auch die Verantwortung der Theoretiker und Ideologen, die sich mit diesen Problemen befassen; es ist geradezu ihre Aufgabe, das gesellschaftliche Bewußtsein auf diesem Gebiet zu heben. Bei der Lebenswichtigkeit der Probleme, um die es sich hier handelt, haben sie die Pflicht zu handeln, ohne auf irgendwelche Nebenwirkungen Rücksicht zu nehmen und ohne sich ihnen oktroyierten »Tabus« zu fügen. Es liegt im gesellschaftlichen Interesse, daß ihnen eine solche Freiheit und Selbständigkeit gesichert wird. Das betrifft auch die Gesellschaften des realen Sozialismus, die in dieser Hinsicht an schweren Behinderungen leiden.

Die Probleme der Zukunft der Nationalstaaten gehören zwar zum Fragenkomplex der politischen Gesellschaftsformation, doch weil sie mit den Problemen der Nationalkultur verknüpft sind, wollen wir sie als solche gemeinsam in unseren weiteren Überlegungen behandeln.

V. Wandel der kulturellen Gesellschaftsformation

Der Wandel auf dem Gebiet der Kultur wird sicherlich neben dem Verschwinden der Arbeit im traditionellen Sinn des Wortes zu den wichtigsten Folgeerscheinungen der zweiten industriellen Revolution auf gesellschaftlichem Gebiet gehören. Die Informatik-Gesellschaft wird – meiner Meinung nach – ein neues Blatt der Geschichte in dieser Hinsicht eröffnen und einen bedeutenden Schritt zur Realisierung des alten Ideals der großen Humanisten darstellen – des *universellen Menschen,* und dies in zweifacher Bedeutung: durch seine allseitige Bildung, die es ihm erlauben wird, aus dem engen Geleise einer einseitigen Spezialisierung auszubrechen, wie das heute die Norm ist, aber auch im Sinn der Befreiung von der nationalen Enge, indem er zum Weltbürger im besten Sinn des Wortes wird. Zur Frage des Status des Individuums im Zusammenhang mit beiden oben berührten Gegebenheiten werden wir im zweiten Teil dieses Buches übergehen. Hier möchte ich mich nur beim gesellschaftlichen Aspekt des zweiten oben angeführten Problems aufhalten, und zwar einer nationalen und universellen (übernationalen) Kultur. Diese Frage soll in die weiteren Überlegungen zum Thema »Status des menschlichen Individuums in der neuen Informatik-Gesellschaft« einführen.

Wir werden hier also über die gesellschaftlichen Zusammenhänge und Folgen der zweiten industriellen Revolution auf dem Gebiet der Kultur reden. Da aber das Wort »Kultur« vieldeutig ist und es Dutzende von Definitionen dieses Begriffs gibt, muß zu Beginn der Überlegungen bestimmt werden, was wir unter »Kultur« verstehen. Da fast jeder Autor, der über dieses Thema schreibt, seine Definition besitzt, bleibt nichts anderes übrig, als die eigene vorzuschlagen: Wir werden von Kultur sprechen im Sinn der Gesamtheit der materiellen und geistigen Erzeugnisse des

Menschen in einem bestimmten Zeitraum und im Rahmen eines gegebenen Volkes (nationale Kultur) beziehungsweise, in einem weiteren Sinn, als allgemeinmenschliche Kultur (universelle Kultur) oder auch als Kultur eines ausgegliederten Teils der Menschheit, aber im übernationalen Maßstab (als Kriterium einer solchen Ausgliederung kann das Territorium dienen, auch eine besondere kulturelle Gemeinschaft, zum Beispiel sprachlich, religiös usw.).

Mit dieser Auffassung des Begriffs »Kultur« ausgerüstet, wählen wir für unsere Überlegungen drei Problemkreise aus:

a) Verbreitung der Kultur
b) Verbreitung der übernationalen Kultur
c) Verbreitung von neuen Persönlichkeitsmustern und eines neuen gesellschaftlichen Charakters der Menschen, die im Zusammenhang mit den ersten beiden Fragekomplexen stehen.

a) Wenn wir vom Einfluß der Informatik-Gesellschaft auf die Entwicklung der Kultur sprechen, denken wir in erster Linie an die neuen Möglichkeiten ihrer Ausbreitung.

Es ist für jeden verständlich, daß das Auftreten von neuen Techniken der Informationsübertragung – und das ist doch das charakteristische Kennzeichen der Informatik-Gesellschaft – seine Auswirkungen auf dem Gebiet einer breit verstandenen Kultur haben muß. Schon die Erfindung des Rundfunks hatte kulturelle Bedeutung, indem sie es – vor allem durch die Verbreitung des Transistorempfängers – ermöglichte, nicht nur mit der laufenden Information, sondern auch mit Werken der Kultur, mit Literatur, Musik und Theater bis in die entferntesten und manchmal bisher von jedem Kultureinfluß abgeschnittenen Winkel einzudringen. Das Fernsehen brachte eine noch viel tiefere Umwälzung auf diesem Gebiet zustande; zum Wort gesellte sich das Bild, das nicht nur die Wirkung des gesprochenen Wortes verstärkt, sondern obendrein erlaubt, den Zuschauer mit anderen, unverbalen ästhetischen Effekten anzusprechen (zum Beispiel Kunstwerke, Bilder fremder Länder, Tanz usw.). Dazu kommt noch eine neue Didaktik – wissenschaftliche Filme, Kulturfilme usw.

Zu diesen zwei Quellen der Masseninformation (die zutreffend als Massenmedien bezeichnet werden) ist in der letzten Zeit eine neue, aufsehenerregende Entdeckung getreten, die sicherlich eine revolutionäre Rolle im didaktischen Prozeß spielen wird, besonders wenn es sich um die Selbstbildung handelt. Ich denke dabei an didaktische Sprechautomaten, die Fachwissen vermitteln, auf »Gespräche« mit dem Schüler programmiert sind, ihm Fragen stellen und seine falschen Antworten korrigieren, also kontrollieren, wie er sich das betreffende Material angeeignet hat. Es funktionieren schon Hunderttausende solcher Apparate (vor allem in den USA), was als Vorzeichen einer völligen Umwälzung im Bildungssystem gewertet werden kann: entweder als Hilfsmittel bei der traditionellen Arbeit mit dem Lehrer oder als Mittel, das den Lehrer im Selbstbildungsprozeß der Erwachsenen entbehrlich macht. Wenn wir berücksichtigen, daß ständige Fortbildung einen der Wege – vielleicht den Hauptweg – zur Lösung des Problems einer schöpferischen Beschäftigung für strukturell arbeitslose Menschen darstellt, ist es unschwer einzusehen, welche Rolle diese neuen didaktischen Techniken bei der Verbreitung des Wissens, also der Grundlage des gesamten gesellschaftlichen Kulturprozesses, spielen werden. Dabei ist noch zu berücksichtigen, daß diese neuen Techniken einstweilen am Anfang ihrer Entwicklung stehen, daß sich aber ihre erfolgreiche Zukunft schon heute klar abzeichnet.

Diese Lernautomaten sind jedoch nur Nebenprodukt eines auf diesem Gebiet viel wichtigeren Sachverhalts, nämlich der Computer-Technik. Gewöhnlich neigte man dazu, in der Computer-Technik nur einen ihrer Aspekte zu sehen – die Technik des Zählens: eines raschen, enorm raschen Zählens, aber dennoch nur des Zählens. Das ist falsch. Um zu zählen, muß der Computer logische Funktionen durchführen, die auch auf andere Bereiche der menschlichen Aktivität außer dem Zählen ausgedehnt werden können. Die Computer können schon heute eine Menge anderer Dinge leisten, ohne deren Anwendung die gegenwärtige Technik nicht möglich wäre, und sie befinden sich auf dem besten Weg zur Lösung des Problems der künstlichen Intelligenz (es gibt auch Leute, die behaupten, das sei schon erreicht). Jede neue Computer-Generation bedeutet einen Schritt vorwärts in dieser Richtung. Ebenso wie das Problem des »Gesprächs« mit dem Computer sich seiner Lösung nähert, eines »Gesprächs« nicht mit Hilfe der für den Laien immer noch geheimnisumhüllten Tasten, sondern mit Hilfe der gewöhnlichen menschlichen Sprache, die der Computer »verstehen« wird und auf die er mit menschlicher Stimme antworten wird. Die technischen Entwicklungsmöglichkeiten sind in dieser Hinsicht unbeschränkt, obwohl das immer noch wie *science fiction* klingt. Dazu kommt noch der ungemein wichtige Umstand, daß der Computer über ein »Gedächtnis« verfügt, dessen Kapazität unvergleichlich größer ist als das menschliche und das sich blitzschnell und störungsfrei mobilisieren läßt.

Wir haben also eine Erfindung des Menschen – ebenfalls ein Teil seiner Kultur –, die im kulturschöpferischen Prozeß eine umwälzende Rolle spielen wird und sie teilweise schon spielt. Von jedem Gesichtspunkt aus betrachtet: als mechanisches Supergedächtnis, das eine weitgehende Entlastung des menschlichen Gedächtnisses von jeglichem Ballast ermöglichen wird, also auch vom Lernprozeß; als Einrichtung mit einer enormen und blitzschnellen Fähigkeit zur Kombinatorik; durch die Eröffnung von neuen Entwicklungswegen der menschlichen Erkenntnis in vielen Bereichen der Wissenschaft, selbst in solchen, von denen man annahm, daß sie für die Computer-Technik verschlossen wären (wie zum Beispiel Geschichts- oder Rechtswissenschaft); durch Erleichterung des Lernprozesses, sogar als Partner bei »Gesprächen« und zur Kontrolle des Wissens usw.

Heute gibt es noch ein Hindernis bei der Inbetriebnahme aller schon vorhandenen Möglichkeiten auf diesem Gebiet

– und immer neue entstehen lawinenartig. Es handelt sich um den sekundären Analphabetismus der breiten Massen der Gesellschaft, die zwar intelligent sind, für die das alles aber noch technischer Hokuspokus bleibt. Charakteristisch dabei ist, wie schnell sich die Kinder und Jugendlichen die neue Technik aneignen. Wenn allerdings erst einmal das Wissen auf diesem Gebiet in die Schulprogramme eingeführt sein wird – was teilweise schon geschieht –, wird auch dieses Hindernis beseitigt sein. Wenn wir noch die neben ihrer technischen Vervollkommnung ungemein rasch fortschreitende Miniaturisierung der Geräte und ihren sinkenden Preis als Folge der internationalen Konkurrenz in Betracht ziehen, so haben wir ein vollständiges Bild vom gegenwärtigen Sachverhalt.

Wie gesagt, die Computer besitzen ein »Gedächtnis«, aber selbst die größten sind in dieser Hinsicht Beschränkungen unterworfen. Dieses Gedächtnis kann jedoch praktisch unbegrenzte Dimensionen annehmen durch seine Verbindung mit den in der Welt bestehenden Datenbanken der verschiedensten Bereiche. Damit tauchen in unserem Blickfeld drei weitere Elemente der Informatik-Revolution auf: die Datenbanken, die Kommunikationssatelliten und die Glasfaserkommunikation. Ich signalisiere diese Fragen hier lediglich; entsprechend meiner Ansage, daß wir uns nicht mit der Popularisierung wissenschaftlicher Errungenschaften befassen wollen, will ich jedoch nicht näher auf sie eingehen.

b) War das Problem der Verbreitung der Kultur als Folge und dank der Informatik-Revolution leicht zu beantworten – es genügte, die entsprechenden Fakten anzuführen –, so ist das Problem ihres nationalen und übernationalen Charakters als Folge dieser Revolution viel komplizierter und infolgedessen diskussionsbedürftig.

Wir wollen mit der Feststellung der Tatsache beginnen, die wir häufig aus den Augen verlieren, wenn wir über Probleme der Kultur diskutieren, und zwar, daß die Kultur der entwickelten Gesellschaften *immer* gleichzeitig national und übernational ist, das heißt, daß sie außer den kulturspezifischen Elementen eines bestimmten Volkes auch gewisse Elemente enthält, die einer ganzen Nationengruppe gemeinsam sind (Regionalkultur), sowie schließlich sogar universelle Elemente. Es kann auch nicht anders sein, wenn wir die internationalen Bindungen verschiedenster Art berücksichtigen. Schon die Kenntnis von Fremdsprachen ist ein Element des gegenseitigen Durchdringens verschiedener Kulturen. Die Sache ist an sich selbstverständlich, doch hebe ich sie hervor, um die Schärfe – wenn sie auch nur scheinbar ist – meiner weiteren Aussagen zu diesem Thema etwas abzuschwächen.

Es geht mir vor allem um gewisse aktionsbereite Haltungen, die mit den Werten aus dem Bereich der Nationalkultur verbunden sind. Die erste und häufigste dieser Haltungen und der mit ihr verknüpften Werte und Empfindungen nennen wir Patriotismus.

Patriotismus im Sinn der Vaterlandsliebe (das ist der ursprüngliche Sinn dieser aus dem Lateinischen gebildeten Bezeichnung) empfindet in dem einen oder anderen Maß jeder Mensch. Er setzt sich aus verschiedenen Faktoren zusammen, von den primitivsten bis zu den aufs höchste sublimierten, was immer auch vom Bildungsgrad der betreffenden Person abhängt. Wir wollen von der Anhänglichkeit an den Geburtsort beginnen (an seine Landschaft und ihre Formen – Meer, Berge, waldbedeckte Ebenen usw.), in dem er seine Jugend verbracht hat. Gerade die Jugend des Menschen ist besonders wichtig für die Herausbildung solcher Empfindungen und für die spätere Sehnsucht nach dieser Art von Landschaft, nach dem Himmel über ihr, nach dem dort herrschenden Klima usw., besonders wenn man sie verloren hat. Weiter handelt es sich um die Muttersprache und das Erlebnis ihrer Schönheit, um die Musik und die Melodien der Heimat, um Bräuche und Sitten, die dort herrschen – angefangen von einer so einfachen, aber für den Menschen um so wichtigeren Sache wie die Eßgewohnheiten und die Küche der Heimat bis zu den Formen geselligen Beisammenseins und der damit verbundenen Etikette. Schließlich wollen wir noch jene Dinge anführen, die Bildung und zuweilen auch künstlerischen Geschmack erfordern: die Bindung an das eigene Volk durch die Internalisierung seiner Vergangenheit, die man sich »angeeignet« hat, die Liebe zur nationalen Literatur und Kunst in ihren verschiedensten Ausdrucksformen, die Partizipation am gesellschaftlichen Charakter der Landsleute (im Sinne eines quasi-instinktiven Reagierens auf bestimmte Reize, die sich im Lauf der historischen Entwicklung der Gesellschaft herausgebildet haben – dieses Konzept verdanken wir den Arbeiten von Erich Fromm), usw.

Wie schon gesagt, handelt es sich dabei um enorm komplizierte Typen von Haltungen, obwohl wir uns meistenteils dessen nicht bewußt sind, wenn wir irgend ein Vorgehen summarisch als patriotisch bezeichnen: Der Vielschichtigkeit dieser Haltungen entspricht die Vieldeutigkeit des Begriffs »Patriotismus«. In diesem Licht kann es nicht wundernehmen, wenn hier festgestellt wird, daß jeder von uns in einem gewissen Sinn des Wortes und in einem gewissen Maß Patriot ist – selbst wenn so mancher das verneinen möchte oder – aus Mangel an Bildung – sich dessen nicht bewußt ist und diese offenkundige Wahrheit erst dann entdeckt, wenn ihm die Situation erläutert worden ist, so wie es Monsieur Jourdain aus der Molièreschen Komödie erging, der mit Erstaunen erfuhr, daß er Prosa redete.

Da unsere weiteren Erwägungen sich unter anderem auf die Mäander des Patriotismus unter dem Einfluß der gesellschaftlichen Folgen der zweiten industriellen Revolution beziehen, müssen wir jetzt einführend noch einige allgemeine Bemerkungen anknüpfen, die sich mit der Frage des Patriotismus beschäftigen; das wird uns später das Verständnis seiner Wandlungen in der Informatik-Gesellschaft erleichtern. Die unter bestimmten Bedingungen durch die Erziehung herausgebildeten Haltungen, die wir ganz allgemein als Patriotismus bezeichnen, können nämlich sehr verschiedene Verhaltensweisen nach sich ziehen, obwohl sie in unserem persönlichen Empfinden immer von der Vaterlandsliebe und der Liebe zum eigenen Volk diktiert werden.

In dem einen Fall führt ein solcher Patriotismus – und das ist meiner Meinung nach die richtige Interpretation dieses Begriffs und eine dieser Interpretation entsprechende Verhaltensweise – zu Bemühungen um die Vervollkommnung des eigenen Volkes, um das Tilgen übler Charakterzüge und Gewohnheiten, die man im Vorgehen der eigenen Landsleute wahrnimmt, mit einem Wort: zum »Streit« mit dem eigenen Volk. Das entspricht vollkommen der Erziehung des eigenen Kindes, das man liebt: ein schlechter Erzieher und schlechte Kindesliebe, die dieses Kind zahlreichen Schwierigkeiten in seinem künftigen Leben aussetzt, wären es, wenn man seine Fehler nicht sehen wollte und sich nicht bemühte, sie rechtzeitig zu überwinden.

Im zweiten Fall zieht eine subjektiv patriotische Einstellung die Verherrlichung alles dessen nach sich, was mit dem eigenen Volk verbunden ist, den bedingungslosen Lobpreis seiner Geschichte und Gegenwart, das heißt den Nationalismus und Chauvinismus. Entgegen dem Schein und unabhängig von den subjektiven Absichten der Vertreter dieser Richtung kommt eine solche Haltung faktisch einer Verneinung des Patriotismus im wahren Sinn des Wortes gleich, denn sie schadet nur dem eigenen Volk, indem sie nicht einmal den Versuch unternimmt, sich dem entgegenzustellen, was in seinem Leben schlecht ist, um auf solche Weise dieses Übel zu beseitigen.

Um die Begriffskoordinaten für unsere folgenden Überlegungen genau festzusetzen, müssen wir uns mit einem weiteren Begriff aus diesem Bereich befassen, und zwar mit dem Kosmopolitismus. Ich habe gesagt »ein weiterer Begriff«, nicht ein »entgegengesetzter Begriff«; denn der Kosmopolitismus ist kein Antipode des Patriotismus, keine Verneinung dieses Begriffs. Beide Begriffe sind komplementär, was man nicht vergessen sollte, um nicht den herrschenden Stereotypen zum Opfer zu fallen.

Das Wort »Kosmopolit« bedeutet so viel wie »Weltbürger«. Jemand, der »Weltbürger« ist, sich also in vielen Ländern aufgehalten hat, ihre Kultur in sich aufgenommen hat, ihre Sprachen, Sitten und Bräuche usw. kennt, personifiziert sicherlich die Negation jeglichen Hinterwäldlertums, jeglichen Provinzialismus und beschränkten Nationalismus, doch auf keinen Fall verneint er den Patriotismus. Man kann doch – und das ist eine politische und psychologische Tatsache – gleichzeitig ein Mensch sein, der sich durch breite Kultur, durch Kenntnis vieler Länder, ihrer Sprachen und Sitten auszeichnet, ein Mensch, der nicht nur viele Länder und ihre Kultur kennt, sondern ebenfalls ihre Werte schätzt, das heißt, der kein provinzgebundener Nationalist ist, aber gleichzeitig ganz besonders sein eigenes Land, seine Geschichte und Kultur liebt und in diesem natürlichen Sinn ein Patriot ist. So verstandener Kosmopolitismus und Patriotismus schließen sich nicht gegenseitig aus, sondern ergänzen sich, sind komplementär, ebenso wie es in der Ideologie der Arbeiterbewegung mit dem Internationalismus und Patriotismus der Fall ist. Man kann sich natürlich den Begriff des Kosmopolitismus so zurechtlegen, daß er den Patriotismus, das heißt die gefühlsmäßige Präferenz für das Heimatland, ausschließt, und es läßt sich auch nicht abstreiten, daß es Menschen gibt, für die eine solche Einstellung kennzeichnend ist. Aber das sind Ausnahmeerscheinungen, ich würde sogar sagen: pathologische Fälle. Es besteht aber keinerlei Grund, Pathologie zur Norm zu erheben.

Nach dieser semantischen Einführung zum Problem wollen wir die uns im Kontext unserer Überlegungen interessierende Frage formulieren: Welchen Einfluß werden auf diese Probleme die gesellschaftlichen Implikationen der zweiten industriellen Revolution ausüben?

Am konzisesten kann man diese Fragen folgendermaßen beantworten: Es wird eine Entwicklung in Richtung einer übernationalen Kultur sein, welche die engen nationalen Beschränkungen und den Provinzialismus der Kultur aufheben wird. Das ist völlig einleuchtend angesichts der enormen Zunahme der Informationszirkulation und ihrer gleichzeitigen Internationalisierung, welche die Informatik-Gesellschaft kennzeichnen werden. Nach dem, was wir zu diesem Thema schon gesagt haben, lohnt es sich nicht, weiter auf Details der Frage einzugehen. Es lohnt sich aber, die Frage zu stellen, und man sollte es tun: Wie ist dieser Prozeß einzuschätzen?

Diese Frage kann nicht eindeutig beantwortet werden – alles hängt vom Kontext und von den eben analysierten Aspekten des Problems ab.

Der Trend zur Internationalisierung der Kultur, zu ihrem Wandel in übernationaler Beziehung ist zweifellos fortschrittlich und entspricht der Entwicklung der zwischenmenschlichen Beziehungen in der Welt, und das in jeder Hinsicht. Eine folkloristische Kultur, die sich im Lauf der Jahrhunderte unverändert erhält und strikt traditionsgebunden ist, kann nur in Gesellschaften auftreten, die – aus dem einen oder anderen Grund – verknöchert und in ihrer Entwicklung auch mit Rücksicht auf ihre ökonomischen und sozialen Verhältnisse erstarrt sind. Das kann sicherlich nicht zur Nachahmung empfohlen werden, im Gegenteil: sowohl vom Standpunkt der gesellschaftlichen wie auch der individuellen Interessen aus ist das ein reaktionäres Vorbild. Die Internationalisierung der Kultur, die Verstärkung ihrer übernationalen Elemente bedeutet ihre Bereicherung, ihre Ausfüllung mit neuen Inhalten und neuen Werten. Inzucht führt dagegen zur Verkümmerung nicht nur im biologischen Geschehen, auch in der Kultur, wenn wir unter der Metapher Inzucht die Beschränkung des Kulturumlaufs auf eine geschlossene Gesellschaft verstehen. Wir wollen deswegen die »verlorene Unschuld« der traditionellen Kulturen nicht bejammern (das bezieht sich nicht nur auf die sogenannten primitiven Völker, sondern auch auf die abgeschlossenen dörflichen Gemeinschaften in Ländern, die in jeder anderen Hinsicht zu den entwickelten gehören). Diesen Prozeß können nur die Lieferanten von Folklore für Touristen beklagen, aber nicht Menschen, die sich für das Schicksal und die Entwicklung ihrer Gesellschaften verantwortlich fühlen.

Das was sich insbesondere auf das Schwinden der Folklore infolge der Internationalisierung der Kultur bezieht, betrifft ebenfalls – in einem breiteren Ausmaß – das Heraustreten der Gesellschaften aus dem Rahmen der traditionellen Nationalkultur, also die Beseitigung der traditionellen Kultur-»Xenophobie« infolge des gegenseitigen Durchdringens der Kulturen verschiedener Völker und ihre dementsprechende Bereicherung. Das ist ein gesellschaftlicher *Fortschritt,* und man darf im Namen der Ideale des Konservatismus keine Gemeinschaft dazu verurteilen, daß sie im Zustand der Folklore erhalten bleibt und kulturell stagniert. In diesem Bereich wird die Informatik-Revolution die künstlich aufrechterhaltenen Barrieren und Hindernisse sprengen. Und das ist zweifellos ein Fortschritt von geradezu revolutionärer Bedeutung im besten Sinn des Wortes, vor allem dann, wenn es sich um die Herausbildung jenes *universellen Menschen* handelt, von dem – als von einem Ideal – im zweiten Teil dieses Buches die Rede sein wird.

Nachdem das alles festgestellt ist – wobei wir die entsprechenden Akzente bewußt verschärft haben –, können wir zur Betrachtung des zweiten Teils unseres Problems übergehen und zwar zu den Gefahren, die diese Entwicklung begleiten werden. Wie schon gesagt, wir beklagen nicht das Verschwinden der »Patina«, wir beweinen nicht die verlorenen Reize der Folklore, und keinesfalls wollen wir eine Gesellschaft dazu verurteilen, sich im Zustand der Folklore konservieren zu lassen. Es gibt jedoch eine andere Seite des Problems, die unsere Sorge erwecken muß: Welche neuen Inhalte werden den von der Folklore befreiten Platz einnehmen? Wessen Interessen werden sie rechtfertigen? Welchen Lebensstil werden sie propagieren? Das sind nur einige Fragen, die sich in diesem Zusammenhang aufdrängen; es gibt noch mehr von dieser Art. Es wäre nämlich ein Zeugnis weitgehender Naivität in dieser Hinsicht, wenn wir die Frage des gesellschaftlichen Inhalts (ich scheue in diesem Zusammenhang sogar vor dem stärkeren Ausdruck »Klasseninhalt« nicht zurück) jener Kulturwerte übergehen wollten, die auf der Welle der Informatik-Revolution in das Leben der Gesellschaften eindringen werden. Die Frage wäre nicht so akut, hätten alle Kulturen der Welt gleiche Chancen, wenn es sich um die Effektivität ihrer »Träger« handelt – mögen sie dann auf dem »freien Markt« der Ideen miteinander konkurrieren, sich eventuell sogar gegenseitig bekämpfen und dabei ihren Einfluß auf den Geist der Menschen ausgleichen. Doch so stellen sich die Dinge nicht dar, es gibt in dieser Hinsicht keinen »freien Markt«, sondern – ganz im Gegenteil – der Markt ist strikt verschlossen, wird von jenen beherrscht, die über die technischen Mittel der Informationsverbreitung verfügen und – so gesehen – stärker sind, weil sie reicher und technisch höher entwickelt sind. Trotz des ganzen Reizes dieser Entwicklung, wovon oben die Rede war, muß die Gefahr eindeutig signalisiert werden, die als kultureller Neoimperialismus und Neokolonialismus bezeichnet werden kann.

Wir wollen an einem konkreten Beispiel illustrieren, worum es uns geht. Wie bekannt, sollen 1985 stationäre Kommunikationssatelliten über den verschiedenen Kontinenten und Subkontinenten anfangen zu funktionieren. Dank diesen Satelliten wird sich der Telefonverkehr in ungeahntem Maße ausweiten (er funktioniert schon heute zwischen den industrialisierten Ländern), gleichzeitig werden sie auch dem Rundfunk und Fernsehen zugute kommen. Es wird enorm viele Kommunikationskanäle geben, die Möglichkeit der Wahl zwischen Dutzenden von Rundfunk- und Fernsehsendungen verschiedenster Art und in verschiedenen Sprachen wird etwas durchaus Alltägliches sein. Doch wer wird diese Sendungen ausstrahlen? Selbstverständlich die reichen und genügend entwikkelten Länder, welche sich eine solche Tätigkeit leisten können, die wiederum – ob man das will oder nicht – eine besondere Art von Propaganda ist. Manchmal ist sie plump als Propaganda bestimmter politischer Wertvorstellungen konstruiert; manchmal kommt sie »fein« daher, geradezu sublimiert, so daß man ihr formell keinen Vorwurf machen kann, scheint sie doch wissenschaftlich glaubhaft zu sein. Man kann nämlich ein Problem aufs objektivste darstellen, gleichzeitig aber – und sei es auch nur in indirekter Form – darauf hinweisen, welche Länder und welche Kulturen »klüger« sind, und auf diese Weise eine bestimmte Propagandatätigkeit entfalten. Dagegen ist kein Kraut gewachsen, man kann solche Sendungen nicht verhindern (ihr »Stören« ist technisch schwierig und sehr kostspielig), und man sollte es auch nicht tun; es würde nämlich bedeuten, daß man, von Furcht geleitet, seine eigenen Staatsbürger geistig pauperisiert: unabhängig davon, was man zum jeweiligen Thema sagt, wäre das ein Ausdruck von Totalitarismus. Um also das eine Übel zu vermeiden, könnte man in ein zweites, vielleicht in seinen Folgen noch viel schlimmeres verfallen.

Ich war vor einiger Zeit (im Herbst 1983) in der Volksrepublik China und konnte mich dort konkret überzeugen, wie ein solcher Mechanismus funktioniert, obwohl sich der Vorgang in einem »Mikro«-Maßstab und ganz unbeabsichtigt abspielte. Meine Gastgeber wollten mir das »neue« China zeigen, das heißt die Bezirke, in denen das Wirtschaftsexperiment realisiert wird. Einer von ihnen war der Bezirk Sin Tschin, der an Hongkong grenzt. Außer einer Menge äußerst positiver Eindrücke im Bereich der dort durchgeführten neuen Wirtschaftspolitik (Konzessionen für ausländische Firmen), die mit dem alten China reinen Tisch macht, hat mich das Fernsehprogramm besonders frappiert: sechs Kanäle, die vom frühen Morgen bis in die späte Nacht senden, alle mit einem Fernsehprogramm aus Hongkong (chinesisch und englisch). Kein einziges eigenes Programm, da ein solches zu kostspielig wäre. Und Farbfernsehempfänger sieht man praktisch in jedem Haus. Es genügte, sich diese Programme etwas näher anzusehen, um festzustellen: typisches *american way of life* in den englischsprachigen Programmen; über die chinesischen kann ich nichts sagen, da ich sie nicht verstand, hege aber den Verdacht, daß es dasselbe in Chinesisch war: Reklame für den Luxus. Folgerichtig muß man sich die Frage stellen: Wie wird das die Zuschauer, insbesondere die Jugend beeinflussen? Meine Gastgeber teilten meine Sorgen, doch sie werden – scheint mir – damit fertig werden. Wie aber wird es in Afrika, in Lateinamerika und auch in den ärmeren Ländern Europas aussehen? Die Antwort drängt sich von selbst auf: Es droht die Gefahr der Desinformierung aufgrund von Vorbildern aus der Konsumgesell-

schaft: eine reale Gefahr. Was tun, um ihr zu begegnen?
Leider bin ich da Skeptiker.

c) Die Verbreitung der Kultur, die Verbreitung ihrer übernationalen Elemente stellt eine Bereicherung der menschlichen Persönlichkeit dar, hebt sie auf ein höheres Niveau ihrer persönlichen Kultur, bedeutet aber gleichzeitig eine Veränderung ihrer Persönlichkeitsmuster und ihres gesellschaftlichen Charakters.

Der Mensch ist sich nur selten darüber klar, wie sehr und in welchem Ausmaß sein bewußtes Handeln sich unter dem Einfluß von Faktoren befindet – oder sogar direkt von ihnen hervorgerufen wird –, deren er sich nicht bewußt ist, obwohl sie in ihm selbst stecken – in seiner Persönlichkeit und Psyche, vor allem in seinem gesellschaftlichen Charakter. Es handelt sich – das ist wichtig – nicht um Inhalte, die in der Psychoanalyse ihren Ausdruck finden, obwohl ich die Bedeutung ihrer verschiedenen Varianten für das Verständnis der menschlichen Persönlichkeit keinesfalls unterschätze. Auf die Veränderung der kulturellen Gesellschaftsformation haben diese Probleme nur geringen Einfluß, falls sie ihn überhaupt ausüben.

Mir geht es vielmehr um Faktoren, die ein unmittelbares Produkt der Kultur sind, die dem Individuum durch Vermittlung der Gesellschaft übergeben werden und von ihm internalisiert werden. Dabei verläuft diese Übertragung in einer Weise, derzufolge der Mensch sich überhaupt nicht bewußt ist, daß sie überhaupt existiert und wirkt. Es handelt sich also auch in diesem Fall um eine spezifische Sphäre des Unterbewußtseins, obwohl unterschieden von der, für die sich die Psychoanalyse interessiert. Mit unserer Problematik befaßt sich die Gesellschaftspsychologie, und ihre Aufdeckung und Erfassung erfordert andere Maßnahmen als die, welche die Psychoanalyse anwendet. Zu diesen Problemen gehören die Stereotypen und ihr Einfluß auf das menschliche Handeln sowie der gesellschaftliche Charakter des Menschen. In beiden Fällen haben wir es mit Kulturerzeugnissen zu tun, wie wir schon festgestellt haben, so daß die Veränderungen auf dem Gebiet der Kultur ihrerseits auf diese Kulturerzeugnisse zurückwirken. Daher unser Interesse für diese Fragen in dem von uns behandelten Themenkreis.

Wenn es sich um die Frage des Denkens in Stereotypen handelt, so besitzt sie in unserem Kontext nur eine marginale Bedeutung. Ich habe im übrigen ziemlich ausführlich über diese Fragen geschrieben (vgl. *Stereotypen und das menschliche Handeln,* Wien 1980). Ich will hier also nur ein Fragment aus der dort formulierten Definition des Stereotyps zitieren, das sich auf seine soziale Funktion bezieht: »Die oben angeführten Merkmale ermöglichen die Realisierung der sozialen Funktion des Stereotyps, die auf der Verteidigung der von der Gesellschaft oder einer Gruppe akzeptierten Werte und Urteile beruht und deren Internalisierung als geltende gesellschaftliche Norm eine Bedingung der Integration des Individuums in der Gruppe darstellt« (S. 86). Es ist verständlich, daß Veränderungen dieser Werte und Urteile im Zusammenhang mit dem Verlauf der industriellen Revolution ihren Einfluß auf die Evolution – wenn auch auf eine mühselige und langsame Evolution – der bestehenden Stereotypen ausüben und damit auch auf die menschliche Wahrnehmung der Welt (besonders der gesellschaftlichen Welt) und auf das Handeln im Rahmen dieser Wahrnehmung.

Soweit interessiert diese Frage in unserem Kontext. Eine unvergleichlich bedeutendere Rolle spielt jedoch in diesem Bereich der gesellschaftliche Charakter der Menschen. Wie schon erwähnt, wurde die Theorie des gesellschaftlichen Charakters des Menschen von Erich Fromm formuliert. Nach seiner Konzeption werden die Instinkthandlungen, die es den Lebewesen ermöglichen, ohne zu überlegen auf aus der Außenwelt stammende Reize zu reagieren (besonders auf solche, die eine bestimmte Gefahr darstellen), auf der Entwicklungsstufe der Spezies *homo sapiens* durch *quasi* instinktive Handlungen ersetzt (das heißt durch solche, die ebenfalls ohne Überlegung ausgeführt werden). Diese stützen sich auf tradierte Verhaltensnormen, die im Lauf der gesellschaftlichen Entwicklung als Ergebnis der entsprechenden Erfahrungen ausgearbeitet wurden. Wären die beim Menschen abgeschwächten instinktiven Reaktionen nicht durch einen entsprechenden Mechanismus ersetzt worden, so hätte die Spezies *homo sapiens* keine Überlebenschancen. Die Gesamtheit dieser als Ersatz wirkenden *quasi* instinktiven Reaktionen des Menschen hat Fromm als seinen *gesellschaftlichen Charakter* bezeichnet. Diese ungemein wichtige Kategorie der Gesellschaftswissenschaften ermöglicht das Verständnis des menschlichen Verhaltens.

François Jacob hat in seiner Arbeit *La logique du vivant* (Paris 1970) dasselbe Problem von einer anderen, biologischen Seite untersucht und spricht dabei von einem Überlappen des historischen (kulturellen) und des genetischen Kodes im Lauf der Entwicklung der Spezies *homo sapiens*. Noch radikaler ist in dieser Hinsicht die Sozialbiologie von Edward O. Williams, in der von epigenetischen Erscheinungen die Rede ist (Charles L. Lumsden and Edward O. Williams, *Genes, Mind and Culture*, 1981). In ihr finden wir eine Tendenz zum Reduzieren aller Lebenserscheinungen auf den genetischen Kode. Unabhängig davon, wie wir das Verhältnis zwischen dem, was ein Erzeugnis der Kultur oder der Biologie ist, auffassen, spielt die Theorie des gesellschaftlichen Charakters der Menschen eine enorme Rolle für das Verständnis des menschlichen Verhaltens und seiner Quellen.

Nun ist die Gesamtheit des menschlichen Verhaltens und seiner Haltungen (im Sinn der Handlungsbereitschaft) nicht nur ein historisches (kulturelles) Erzeugnis, wenn es sich um ihre Genese handelt, sie ist auch historisch veränderlich unter dem Einfluß verschiedenartiger sozialer Faktoren. Daraus folgt aber, daß man solche Veränderungen bewußt und gezielt hervorrufen kann. Man bezeichnet das als »Erziehung eines neuen Menschen«, ein Ideal, das die Vertreter des sozialistischen Denkens von Anfang an vertraten, das aber erst heute zum gesamtmenschlichen Ideal erhoben werden kann – und soll, obwohl es unter verschiedenen Umständen verschiedene konkrete Formen annehmen kann, wenn es sich um die Realisierung dieses Ziels handelt.

In der Informatik-Gesellschaft wird die Menschheit, wie schon gesagt, die Möglichkeit haben, das zu realisieren, was bisher nur als Losung, aber ohne Realisierungsmöglichkeit funktionierte. Selbstverständlich werden selbst die größten technischen Wunder die Tatsache nicht ändern können, daß es sich dabei um einen langsamen und schrittweisen Prozeß handeln wird; sowohl die Stereotypen wie auch der gesellschaftliche Charakter der Menschen sind hartlebig und gegenüber allen Veränderungen widerstandsfähig. Und trotzdem unterlagen sie auch in der Vergangenheit dem Wandel. Das dauerte jedoch Jahrhunderte, obwohl die infolge von Revolutionen zutage tretenden Veränderungen rasch waren und einen anderen Eindruck erwecken konnten; die Revolutionen waren jedoch nur Spitzen- und Umbruchspunkte einer langwierigen Entwicklung. Das gegenwärtige Tempo wird anders sein – einige Jahrzehnte anstelle von Jahrhunderten. Das wird »sein können«, sofern die Gesellschaft sich in dieser Hinsicht aktiv verhält. Das ist nicht nur die theoretische Feststellung einer Tatsache, sondern gleichzeitig ein Appell zum Handeln als Konsequenz daraus. Und dieser Appell ist wohl der beste Anschluß unserer Überlegungen über die Veränderungen der kulturellen Gesellschaftsformation; innerhalb der gesellschaftlichen Entwicklung übt sie eine Dienstrolle aus, sie kann aber nur als Folge des bewußten Handelns der Gesellschaft auf dem Gebiet der Erziehung eines neuen Menschen realisiert werden. Dieses Ziel kann heute erreicht werden.

VI. Bemerkungen zur Spezifik der Länder der Dritten Welt

Unsere Überlegungen bezogen sich bisher auf die industrialisierten Länder – sowohl die kapitalistischen wie die sozialistischen (Länder der Ersten und Zweiten Welt), während die Probleme der Dritten Welt vollkommen übergangen wurden. Nicht zufällig; ich habe das bewußt getan, nicht etwa weil ich in der gesellschaftlichen Analyse Anhänger des Europa-Zentrismus wäre, sondern weil ich mir über die Spezifik der Probleme der Dritten Welt gegenüber der Ersten und Zweiten klar bin. Diese beiden bilden nämlich, wenn es sich um die uns interessierende Problematik handelt, trotz ihrer gesellschaftspolitischen Unterschiede einen Block. Die Länder der Dritten Welt dagegen, also die Entwicklungsländer und die unterentwickelten Länder (manchmal werden diese letzteren separat als Vierte Welt erfaßt), weisen so weitgehende Unterschiede auf, daß sie im Rahmen dessen, was vorher gesagt wurde, keinen Platz finden, die Implikationen der zweiten industriellen Revolution sind hier so andersartig, daß sie eine gänzlich andere Analyse erfordern. Dazu kommt noch, daß ihre Differenzierung, die viel tiefer greift als bei den industrialisierten Gesellschaften (selbst wenn wir, wie schon gesagt, die sie unterscheidende Gesellschaftsordnung berücksichtigen), es praktisch unmöglich macht, in ihrem Fall irgendwelche allgemeine Schlußfolgerungen zu ziehen.

Das wird sich am besten an einem konkreten Beispiel erläutern lassen. Wenn wir sowohl Volkschina (das diese Bezeichnung selber postuliert) wie auch beispielsweise die Länder der Sahel-Zone zu den Ländern der Dritten Welt zählen, so sind die Unterschiede zwischen ihnen größer als zum Beispiel zwischen Volkschina und den Vereinigten Staaten. Volkschina kann die Politik der *self reliance* erfolgreich anwenden; es braucht auf keine von außen kommenden Geschenke zu warten – und würde sie übrigens auch nicht akzeptieren. Doch in zwanzig Jahren wird es Anspruch auf den Status einer Supermacht anmelden. Die Länder des Sahel können sich nur über die Ratschläge der Wohlgesinnten lustigmachen, die ihnen eine Politik der *self reliance* empfehlen; ohne Hilfe von außen werden sie unvermeidlich zugrunde gehen.

Wenn wir zum Beispiel Argentinien, Brasilien und Mexiko zu den Ländern der Dritten Welt zählen, wenn wir selbst die überreichen Öllländer des Nahen Ostens mit diesem Begriff erfassen und gleichzeitig daneben Ägypten, Angola und Moçambique in Afrika oder Nikaragua und Peru in Lateinamerika dazurechnen, so wird klar, was wir im Sinn haben, wenn wir behaupten, daß es sich dabei um Länder handelt, die nicht nur einer separaten Analyse im Vergleich mit den Ländern der sogenannten Ersten und Zweiten Welt bedürfen, sondern auch, selbst separat erfaßt, keinen einheitlichen Gegenstand der Analyse bilden können, die uns allgemeine Schlußfolgerungen ermöglichen würde.

Und dennoch muß etwas über diese Länder gesagt werden, andernfalls wäre jegliche »Diagnose« löchrig – handelt es sich doch um zwei Drittel der Menschheit. Aber angesichts dessen, was schon angedeutet wurde, muß hier anders an die Frage herangegangen werden als in unseren bisherigen Überlegungen. Gerade deswegen habe ich dieses Kapitel »Bemerkungen zur Spezifik« betitelt, nur »Bemerkungen« – und nichts mehr. Um mehr zu sagen, müßte man ein separates Buch schreiben, in dem die einzelnen Ländergruppen monographisch erfaßt wären, wobei einige von ihnen, zum Beispiel Volkschina, eine separate Monographie erfordern würden. Ganz abgesehen von meinem Mangel an Kompetenz in dieser Hinsicht – und ich vermute, daß niemand über solche Kompetenz bezüglich aller dieser Länder verfügt –, ließe sich so etwas in einem Buch von der Art des vorliegenden überhaupt nicht durchführen; es würde seine Struktur sprengen. So müssen wir uns also auf diese Bemerkungen zur Spezifik jener

Länder mit entsprechend differenzierten Schlußfolgerungen beschränken.

Vor allen Dingen muß man jene Länder ausklammern, die wir zwar traditionell zur Dritten Welt rechnen, die aber, bedingt durch ihre faktische Entwicklung und Größenordnung, viele Länder der sogenannten Ersten und Zweiten Welt übertreffen. Im übrigen ist auch diese Klassifikationsgruppe nicht einheitlich.

Eine Klasse für sich stellt Volkschina dar – und das nicht nur mit Rücksicht auf seine territoriale Ausdehnung und die Bevölkerungszahl (ein Viertel der heutigen Weltbevölkerung), sondern in erster Linie wegen seiner alten Zivilisation und des schon erreichten wissenschaftlichen und industriellen Niveaus, dessen Entwicklung heute enorm beschleunigt verläuft, so daß man große Teile des Landes als hochindustrialisiert bezeichnen kann. Nach meinem Urteil – und ich habe dort erst vor kurzem viel gesehen und noch mehr gelernt – ist es ein sich in voller und rascher Entwicklung befindender Riese, der – worauf ich schon hingewiesen habe – in einer nahen Zukunft in die Reihe der Supermächte eintreten wird und den man nur *cum grano salis* zu den Ländern der Dritten Welt rechnen kann. Diese Einstufung ist eher ein geschickter politischer Trick seitens Volkschina als ein faktischer Zustand.

Weiter sollte man die Gruppe der großen, potentiell reichen und heute schon zumindest teilweise hochindustrialisierten Länder Lateinamerikas, wie Brasilien, Mexiko, Venezuela und Argentinien, ausklammern. Schließlich einige Länder Nordafrikas, wie Algerien und Ägypten, sowie die reichen Ölländer des Nahen Ostens. Wie wir sehen, ist selbst diese, wegen ihres dubiosen Dritte-Welt-Charakters ausgeklammerte Ländergruppe innerlich differenziert.

Volkschina »kokettiert« mit seiner Zugehörigkeit zur Dritten Welt; faktisch integriert es sich aber intensiv mit der Welt der gegenwärtigen industriellen Revolution und wird sich in einer nicht allzu entfernten Zukunft mit allen ihren gesellschaftlichen Folgen auseinandersetzen müssen – selbstverständlich unter Berücksichtigung der Variablen, welche die kulturelle Eigenständigkeit dieses Landes und der durch Jahrhunderte einer sehr spezifischen Erziehung gestaltete gesellschaftliche Charakter seiner Bürger bilden. Ein gewaltiger Vorteil Volkschinas ist die Tatsache, daß in diesem Lande – trotz der Deformation seiner Entwicklung während der Periode der sogenannten Kulturrevolution – schon die in der neuen Periode notwendigen Veränderungen der ökonomischen Gesellschaftsformation durchgeführt sind, was ihm beim hohen Grad der Disziplin seiner Bürger erlauben wird, die von der industriellen Revolution diktierten gesellschaftlichen Wandlungen evolutionär und planmäßig durchzuführen.

Das unterscheidet Volkschina prinzipiell von der oben angeführten Gruppe der großen Staaten Lateinamerikas, deren Eintritt in die Periode der industriellen Revolution von ökonomischen und gesellschaftlichen Konflikten begleitet wird, die diese Länder erschüttern und für die kapitalistische Welt typisch sind. Dazu kommt noch eine Variable: die Überreste des Kolonialismus und Neokolonialismus, den die USA ihnen gegenüber betreiben.

Damit tritt zu den anwachsenden ökonomischen und sozialen Konflikten, von denen in den vorigen Kapiteln die Rede war, noch eine zusätzliche Variable: der antiimperialistische Kampf und der einstweilen noch latente, aber potentiell explosive nationale Befreiungskampf der Indios, ein Problem, das selbst die fortschrittlichen politischen Strömungen der »weißen« Bevölkerung in diesen Ländern totzuschweigen versuchen – was sie möglicherweise teuer bezahlen müssen. Jedenfalls ist diese Konfliktmixtur so explosiv, daß man vernünftigerweise annehmen kann, daß die in der ganzen Welt heraufziehende soziale Gärung dort die Gestalt klassischer Revolutionen annehmen wird. Die gegenwärtige Politik der USA auf diesem Kontinent, von der Furcht vor dem drohenden Gewitter diktiert, wird ihr einen besonders heftigen Charakter verleihen. Jedenfalls befinden sich aber auch diese Länder im Wirbel der gesellschaftlichen Implikationen der gegenwärtigen industriellen Revolution, was sie faktisch bezüglich der gemeinsamen Veränderungen auch auf eine gemeinsame Ebene mit der Ersten und Zweiten Welt stellt, selbstverständlich unter Berücksichtigung der Spezifik, von der die Rede war: der verschärften Klassen- und nationalen Gegensätze. Den »Dritte-Welt-Charakter« auch dieser Länder kann man nur *cum grano salis* akzeptieren.

Anders stellt sich die Situation in den nordafrikanischen Ländern, etwa Ägypten und Algerien, dar, die – obwohl sie sich in mancher Hinsicht von den übrigen Ländern der Dritten Welt unterscheiden – zweifellos einen Teil dieser Welt bilden. Ihre Spezifik gegenüber den anderen Ländern der Dritten Welt besteht darin, daß sie industriell höher entwickelt sind, gleichzeitig aber nicht über einen genügenden Reichtum verfügen, um sich jene moderne Entwicklung leisten zu können, die den Anforderungen der gegenwärtigen industriellen Revolution entsprechen könnte. Damit droht ihnen eine »Entwicklung zur Rückständigkeit« (*development to obsolescence*), was bedeutet, daß die Entwicklung der gegenwärtigen industriellen Revolution ihre Bemühungen um den Ausbau einer traditionellen Industrie zunichte machen kann: ein zusätzliches Problem, das aber gleichzeitig in einer Reihe von ärmeren und schwächer entwickelten Ländern der Ersten und Zweiten Welt in Erscheinung tritt.

Noch komplizierter ist die Situation der reichen Ölländer des Nahen Ostens, die heute über die Finanzmittel verfügen, um aus der Situation der Dritten Welt herauszukommen, was aber durch ihr veraltetes politisches System verhindert wird, auf dem zusätzlich die Hypothek von Gesellschaftsordnungen lastet, die in der übrigen Welt schon lange überwunden sind, wie das etwa mit der Sklaverei der Fall ist.

Jede dieser Ländergruppen, die zur Klasse derer gehören, die aus dem normalen Zustand der Dritten Welt »ausgeklammert« sind, verdiente eine besondere Besprechung; keine von ihnen ist jedoch typisch für jene Klasse von Erscheinungen, die wir als Dritte und um so mehr als Vierte Welt bezeichnen. Diese bildet das spezifische »Proletariat« der heutigen Welt, dessen charakteristische Merkmale Elend, Hunger (was unter anderem durch die schnell fortschreitende Wüstenbildung bedingt ist), das Fehlen objektiver und subjektiver Möglichkeiten einer modernen Entwicklung der Industrie und Landwirtschaft sowie Abhängigkeit von der Außenhilfe sind. (Der diesen Gesellschaften empfohlene Ausweg aus dem Elend mit Hilfe der Politik des *self reliance* mutet – wie ich schon sagte – wie Hohn an.) Es handelt sich dabei um eine gute Hälfte der Menschheit.

Welchen Einfluß wird die zweite industrielle Revolution auf diese Länder ausüben?

Auch in diesem Fall – wie in vielen anderen früher besprochenen – läßt sich keine eindeutige Antwort erteilen; die Folgen der gegenwärtigen Revolution können nämlich sowohl katastrophal wie auch ungemein positiv sein. Praktisch werden höchstwahrscheinlich sowohl die einen wie die anderen auftreten, was die drohenden Gefahren begrenzen könnte.

Wir wollen zuerst die negativen, gefährlichen Folgen besprechen.

Die Genese der strukturellen Arbeitslosigkeit in den industrialisierten Ländern führen wir auf den Einfluß der Automatisierung und Robotisierung zurück, die zur Eliminierung der Arbeit des Menschen in der Produktion und den Dienstleistungen führt. Wir haben es dabei mit dem unmittelbaren Einfluß der gegenwärtigen industriellen Revolution auf den Arbeitsmarkt zu tun. In den Ländern der Dritten Welt ist dieser Einfluß in seinen Folgen ähnlich, aber sein Wirkungsmechanismus ist indirekt. Es geht darum, daß die Automatisierungs- und Robotisierungsprozesse in den industrialisierten Ländern die Investitionsanlagen in den Ländern der Dritten Welt hemmen werden, ja sogar einen Rückfluß der schon investierten Kapitalien in das Heimatland bewirken können. Die Ursachen dieser Erscheinungen sind folgende.

Erstens war es vor allem die billige Arbeitskraft in den Ländern der Dritten Welt, welche die Investoren aus dem »Norden« anzog; die Mikroelektronik, deren Ergebnis die Automatisierung und Robotisierung ist, annulliert diese Anziehungskraft der billigen Arbeitskräfte – selbst die billigste menschliche Arbeitskraft kann nicht mit einem modernen Automaten konkurrieren.

Zweitens haben die Investoren aus den hochindustrialisierten Ländern die Umweltverschmutzung aus ihren Metropolen, in denen diese meistenteils strafbar ist, verbannt; die neuen Techniken der automatisierten Produktion verringern diese Umweltverschmutzung oder heben sie sogar völlig auf. Damit verschwinden also zwei Hauptanreize für den Kapitalexport in die Länder der Dritten Welt.

Neben der Hemmung der Investitionsprozesse, die – selbstverständlich – zur Entlassung von Arbeitskräften führen, wird die gegenwärtige industrielle Revolution noch in einer anderen Weise auf den Arbeitsmarkt in den Ländern der Dritten Welt einwirken: Ihre Produktion, die dank der Billigkeit der Arbeitskräfte auf den Märkten der hochindustrialisierten Länder konkurrenzfähig war (zum Beispiel Textilindustrie), wird in der neuen Situation ihre privilegierte Stellung verlieren. Produziert man weiterhin mit traditionellen Methoden, wird man nicht mehr konkurrenzfähig sein; sollte die Produktion aber modernisiert werden, so wird sie die Arbeit des Menschen in derselben Weise wie in den hochindustrialisierten Ländern eliminieren. Also noch ein Grund, der das Problem der strukturellen Arbeitslosigkeit verschärft, das sowieso – wenn auch aus anderen Ursachen – eine ständige Plage der Länder der Dritten Welt ist.

Es leuchtet ohne weiteres ein, daß dieser Prozeß, ebenso wie in den hochindustrialisierten Ländern, Folgen auch auf sozialem und politischem Gebiet haben wird. Die Spezifik der Länder der Dritten Welt wird sicherlich dazu führen, daß sich diese Folgen akuter und gesellschaftlich gefährlicher auswirken als in den Ländern der Ersten und besonders der Zweiten Welt. Wie schon bemerkt, wollen wir hier nicht auf die komplizierten Probleme eingehen, die einer konkret-monographischen Bearbeitung bedürfen. Aber auch ohne das kann man auf Grund allgemeiner, wenn auch sicherlich vereinfachter Überlegungen, die wir schon angestellt haben, ohne eine Übertreibung zu riskieren, feststellen, daß – wenn die Folgen der zweiten industriellen Revolution schon in den hochindustrialisierten Ländern schwierig und kompliziert sein dürften – diese in den Ländern der Dritten Welt gesellschaftlich *katastrophal* sein können. Und sie werden es unvermeidlich sein, falls keine prophylaktischen Maßnahmen, und zwar sehr bald, ergriffen werden. Was wäre also in dieser Beziehung zu tun? Wir werden am Ende des Kapitels auf diese Frage zurückkommen, nachdem wir die zweite, positive – doch nur potentiell positive – Seite des Problems untersucht haben, die uns die gesellschaftliche Bedeutung des Hilferufs für die Länder der Dritten Welt, die von einer Katastrophe bedroht sind, besonders prägnant darstellen wird.

Wir haben festgestellt, daß die gesellschaftlichen Folgeerscheinungen der zweiten industriellen Revolution nicht nur eine potentiell negative Seite besitzen, sondern auch eine zweite, die für die Länder der Dritten Welt potentiell positiv sein kann. Sie beruht darauf, daß die Mikroelektronik-Revolution die technische Lösung der Hauptplagen ermöglicht, unter denen die Dritte Welt leidet: Hunger, Wassermangel, Wüstenbildung usw.

Noch vor kurzem dominierte die Überzeugung, daß das Problem der Ernährung der Dritten Welt angesichts der demographischen Explosion, des Wassermangels und der begrenzten Fruchtbarkeit der Erde praktisch unlösbar sei. Angesichts der Fortschritte der genetischen Biotechniken (*genetic engineering*) und ihrer erwarteten Perspektiven läßt sich diese Behauptung heute nicht aufrechterhalten. *Theoretisch* ist das Problem lösbar, aber unter bestimmten Bedingungen; vor allem sind Fortschritte auf dem Gebiet des *genetic engineering* nötig, sowohl bei Feldfrüchten wie in der Viehzucht. Ein weiteres Problem ist die Nutzung der Meere und Ozeane als Nahrungsmittelquelle. Das betrifft nicht nur die dort lebende Tierwelt, sondern auch die reiche Flora, die eßbar ist.

Selbstverständlich kann von Fortschritten der Landwirtschaft und Viehzucht nicht die Rede sein, wenn die Tiere und Pflanzen aus Wassermangel zugrunde gehen, wie das derzeit in der Sahel-Zone geschieht, während in der ganzen Welt die Wüstenbildung erschreckende Ausmaße annimmt. Es gibt aber bereits heute Techniken zur Entsalzung des Meerwassers, die sich sicherlich noch vervollkommnen lassen, was praktisch unbegrenzte Wassermengen erschließen würde, und zwar nicht nur als Trinkwasser, sondern auch das für die Bewässerung des Wüstensbodens beziehungsweise des heute aus Regenmangel in eine Wüste sich verwandelnden Bodens nötige Wasser (wie zum Beispiel die Sahel-Zone). Notwendige Bedingung dafür ist die Verfügung über die entsprechenden Energiereserven.

Dieses Problem wird von der fortschreitenden energetischen Revolution gelöst werden. Wenn es sich um die Dritte Welt handelt, deren Länder überwiegend im Süden liegen (daher spricht man manchmal in sehr unpräziser Weise vom Nord-Süd-Konflikt, wobei man die Tatsache aus den Augen verliert, daß Australien und Neuseeland, die keine Länder der Dritten Welt sind, gerade im Süden liegen), so haben sie das Privileg, über eine schier unerschöpfliche Energiequelle zu verfügen, die Sonnenenergie, deren Nutzung sich gegenwärtig, dank der Vervollkommnung der entsprechenden Techniken, rasch entwickelt.

Es handelt sich also nicht um eine unvermeidliche Katastrophe, was die Entwicklung in den Ländern der Dritten Welt betrifft. Ihre Probleme, obwohl äußerst schwierig, können gelöst werden. Bedingung dafür ist jedoch die Hilfe der industrialisierten Länder (des Nordens), sowohl wenn es sich um die Finanzierung der ganzen Operation handelt (es geht dabei um riesige materielle Auflagen, die für die Länder, die wirklich zur Dritten und Vierten Welt gehören, untragbar wären), wie auch um die Hebung des kulturellen Niveaus der Massen in diesen Ländern und die Organisation ihres Übergangs in die Kategorie der industrialisierten Länder. Die Verwirklichung dieser Postulate wird den Widerstand der potentiellen Geldgeber erregen, obwohl ihre Länder unvergleichbar reicher sein werden, als sie es heute schon sind, aber auch den seitens der potentiellen Hilfeempfänger, die sicherlich gegen die Kontrolle ihrer Vorhaben protestieren werden. Sie werden diese Kontrolle als Protektionismus, Neokolonialismus usw. bezeichnen, obwohl ohne eine solche Kontrolle und ohne Hilfe bei der Realisierung des gesamten Plans das ganze Unternehmen – wie die Erfahrung lehrt – von vornherein zum Scheitern verurteilt ist.

Fangen wir bei der materiellen Hilfe an. Die Infrastruktur des Unternehmens »Retten wir die Dritte Welt« kann nicht Milliarden, sie muß Billionen Dollar kosten. Dabei handelt es sich nicht einmal vorrangig um Geld – auf keinen Fall darf man es den Ländern zur Verfügung stellen, die es fertig gebracht haben, im Laufe der letzten Jahre Dollarkredite in Milliardenhöhe aufzunehmen, ohne positive wirtschaftliche Resultate zu erreichen –, sondern um die entsprechenden Güter, die notwendig sind, um eine neue Infrastruktur in den Ländern der Dritten Welt aufzubauen. An solchen Gütern wird in den Gesellschaften der automatisierten Produktion ein Überfluß vorhanden sein; sie werden aber nicht verschenkt, sondern verkauft. Wer soll die entsprechenden Mittel zur Verfügung stellen?

In diesem Augenblick melden sich die Skeptiker zu Wort – ich gehöre selbst zu ihnen –, die behaupten, das ganze Unternehmen werde an der Finanzierungsfrage scheitern. Es ist natürlich sehr leicht auszurechnen, daß eine Herabsetzung der Rüstungen in der Welt um einige Prozent das ganze Problem lösen würde; die Schwierigkeit besteht aber darin, daß nur politisch sehr naive Menschen glauben können, daß die Rüstungsausgaben im Laufe der kommenden zwanzig bis dreißig Jahre (das ist die zeitliche Perspektive, um die es uns geht) gesenkt werden können – im Gegenteil, man sollte vernünftigerweise annehmen, daß sie gefährlich wachsen und einen Großteil des wachsenden Reichtums der Völker verschlingen. Dagegen wird kein lyrisches Lamentieren der verschiedensten, im höchsten Grad edelmütigen, aber praktisch hilflosen Humanisten, Pazifisten usw. helfen, für die ich Sympathie empfinde, an deren Realismus ich aber nicht glaube. Ich höre schon den Chor empörter Stimmen als Echo auf diese Skepsis, ich höre auch die Stimme der amerikanischen Administration mit ihren irrsinnigen Plänen eines »Sternenkriegs« im 21. Jahrhundert (andere Regierungen sind um so viel »vernünftiger«, als sie zwar dasselbe denken und tun, aber nicht laut darüber sprechen), und ich muß bekennen, daß ich diese Stimmen – leider – für glaubwürdig halte, obwohl sie moralisch abstoßend sind. In der Politik zählt jedoch der Realismus der Stärke und nicht die moralische Schönheit der Taten.

Das zum x-ten Mal (in verschiedenen Kommissionen) wiederholte Nachrechnen, welchen gesellschaftlichen Nutzen die Rüstungsbeschränkung zeitigen könnte, wird uns also nicht weiterhelfen. Die Probleme der Dritten Welt müssen anders gelöst werden: indem man die Einkommenskasse der eigenen Völker angreift. Um das ganze Gewicht dieser Aufgabe tragen zu können, müßten alle Völker der Ersten und Zweiten Welt (also alle industrialisierten Länder) daran teilnehmen. Und wieder wirft der Skeptiker ein: Werden sie es wollen? Vergessen wir nicht, daß alle bisherigen Appelle in dieser Beziehung ohne Widerhall verklungen sind, während die Situation dadurch erschwert bleibt, daß alle diese Länder an ihren eigenen schwierigen Problemen tragen, die sich aus der wachsenden strukturellen Arbeitslosigkeit ergeben. Es fällt schwer, daran zu glauben, daß sie sich nun den Bedürfnissen anderer gegenüber »offener« erweisen werden, als das bisher der Fall war.

Sollte das jedoch geschehen – wir wollen für einen Augenblick von der optimistischen Variante ausgehen –, so müßte sich das auf der Grundlage des Konsenses aller industrialisierter Länder, unabhängig von ihrem politischen System, abspielen (niemand hat in dieser Situation das Recht, die Hände zu waschen wie Pilatus, unter keinem Vorwand), wobei *alle* die entsprechenden Verpflichtungen auf sich nehmen müßten, während die Ausführung des Vorhabens einer besonderen internationalen Organisation zu übertragen wäre (indem man zum Beispiel den Rang der UNIDO oder FAO entsprechend heben würde). Diese Organisation müßte über das Recht einer vollen und effektiven Kontrolle der Ausführung verfügen: angefangen von der internationalen Planung der Maßnahmen über die Zuteilung der entsprechenden Mittel bis hin zur unmittelbaren Ausführung. Dieses Mal darf man es nicht dazu kommen lassen, daß die Hilfe in ein Mittel der politischen Korruption verwandelt wird und daß die empfangenen Summen für den Ankauf zum Beispiel einer goldenen Liegestätte für die Mätresse verausgabt werden (wie tatsächlich geschehen), daß sie sinnlos für Rüstungen genutzt werden oder einfach, infolge Kompetenzmangels, verschleudert werden. Sollte also solch ein Wunder überhaupt eintreten und die entsprechenden Fonds für diese Aktion bereitgestellt werden, so darf die Chance nicht vertan werden.

Die Frage ist um so heikler, weil sie sich – wie ich schon betont habe – nicht auf die materielle Seite, die mit der Schaffung der Infrastruktur für diese Aktion verbunden ist, beschränkt. Sie muß gleichlaufend eine komplizierte kulturelle Initiative umfassen. Es geht nämlich darum, daß die Menschen in den Ländern der Dritten Welt vorbereitet werden müssen, damit sie die neuen Techniken aufnehmen und ihre Bedienung lernen können. Es erscheinen heute zahlreiche irreführende Bücher, die den technischen Analphabetismus eines großen Teils der Gesellschaften der industrialisierten Länder nutzen, um den Menschen einzureden, es genüge, »Mikroprozessoren einzusetzen«, um die Probleme der Dritten Welt automatisch zu lösen. Unwissenheit und Quacksalberei konkurrieren hier miteinander, und angesichts des demobilisierenden Einflusses solcher »Werke« auf die öffentliche Meinung sollten sie öffentlich angeprangert werden. Wenn man heute die Möglichkeit hätte, der ganzen Bevölkerung der Dritten Welt einen Computer pro Kopf zu dedizieren, würde das absolut nichts an ihrer Situation ändern, denn die Leute würden sowieso nicht wissen, was damit anzufangen sei. Der Weg zur Nutzung der Informatik ist in diesen Ländern lang und mühselig.

Wir wollen noch einmal wiederholen: Wenn dieses Wunder eintreten sollte und sich die notwendigen Fonds finden sollten, so müßte man erst einmal die organisatorischen Formen eines solchen Unternehmens ausarbeiten. Vielleicht würde man dann endlich eine entsprechende

Tätigkeit für jene lamentable Institution gefunden haben, welche die UNESCO heute darstellt: selbstverständlich in einer völlig neuen Gestalt. Und außerdem wäre das eine Gelegenheit, um für viele Jahre eine würdige, sogar faszinierende Beschäftigung für Millionen von »Instrukteuren« zu schaffen, die sich aus den Armeen der strukturell Arbeitslosen in den industrialisierten Ländern rekrutieren könnten. Immerhin würde das gleichzeitig zur Internationalisierung der Kultur im Sinn der gegenseitigen kulturellen Einflußnahme von Ländern und Gesellschaften beitragen, die heute im Weltmaßstab weit voneinander entfernt sind. Auf diesem Gebiet würde, mehr noch als in den oben besprochenen Fällen, eine sehr komplizierte Verknüpfung von Fragen der übernationalen Aktion und der nationalen Souveränität auftreten. Gegenwärtig, wo man noch das Fell eines nicht erlegten Bären teilt, lohnt es sich jedoch nicht, darauf einzugehen. Besonders wenn man – wie ich – nicht an eine Realisierbarkeit glaubt.

Was wird jedoch passieren, wenn dieser Skeptizismus sich als gerechtfertigt erweisen sollte? Unvermeidlich wird es dann zur Katastrophe der Dritten Welt kommen. Da es sich dabei – wie schon bekannt – um mehr als die Hälfte der Weltbevölkerung handelt, wäre das eine Tragödie von unermeßlichem Ausmaß. Kann das geschehen? Ja. Werden die Menschen der industrialisierten Welt das moralisch ertragen können? Sie ertragen es schon heute seelenruhig, wenn Millionen Menschen – vor allem Kinder – Jahr für Jahr den Hungertod sterben. Darf man es dazu kommen lassen? Mit Sicherheit darf man es nicht tolerieren, falls man noch ein sogenanntes Gewissen besitzt, aber – leider – ist man machtlos, etwas anderes zu tun, als zur Besinnung zu rufen. Möge das kein Rufen in der Wüste sein, damit nicht *in extremis* angesichts der Tragödie gehandelt werden muß.

Das ist auch eine Schlußfolgerung – eine höchst bemerkenswerte Schlußfolgerung – aus unseren Überlegungen zu den gesellschaftlichen Folgeerscheinungen der zweiten industriellen Revolution.

Zweiter Teil

Das menschliche Individuum in der Informatik-Gesellschaft

Die vorhergehende Analyse der Folgen der zweiten industriellen Revolution bezog sich auf die allgemeinen sozialen Aspekte des Problems und auf die Trends und möglichen alternativen Entwicklungen, die diese Revolution hervorbringt; sie steckt damit den Rahmen ab – einen bisweilen sehr engen Rahmen – für die Aktivitäten der Mitglieder innerhalb der betroffenen Gesellschaften. Nun wollen wir in unserer Analyse von einer anderen Perspektive ausgehen und damit auch zu einer anderen Vision der Wirklichkeit gelangen: Ausgangspunkt soll jetzt für uns das menschliche Individuum und sein mögliches Schicksal im Strudel der vor sich gehenden Veränderungen sein. Das ist eine äußerst wichtige Perspektive, denn sie betrifft unmittelbar – und nicht durch Vermittlung der statistischen allgemein-gesellschaftlichen Gesetze – das Schicksal eines jeden von uns.

Es könnte scheinen, daß die Aussage »Ausgangspunkt meiner Analyse ist das menschliche Individuum und sein Schicksal« eine einfache und dem gesunden Menschenverstand entsprechende Behauptung enthält. Man kann sich einer solchen Illusion hingeben, wenn man von der Voraussetzung ausgeht, daß der Begriff »menschliches Individuum« eindeutig ist. Doch wäre das eine ungeheure Simplifizierung des Problems, und es genügt ein Augenblick der Überlegung, um den Irrtum nachzuweisen; es genügt, auf die Verschiedenartigkeit – ja, geradezu Gegensätzlichkeit – der diesbezüglichen Positionen der verschiedenen Denkschulen auf dem Gebiet der philosophischen Anthropologie hinzuweisen, um sich davon zu überzeugen. Das zwingt uns, bevor wir das uns interessierende Thema unmittelbar angehen, zu einer kurzen allgemeinen Reflexion – ich möchte fast sagen von philosophischem Charakter – über das Problem des menschlichen Individuums. Sie wird uns bei der Klärung der Absichten unserer weiteren Erwägungen zweifellos helfen.

Wir wollen mit der Behauptung anfangen, daß das menschliche Individuum immer ein soziales ist, das heißt, daß seine Verknüpfung mit der Gesellschaft sich sowohl in der Genese des von ihm akzeptierten Systems von Werten und Verhaltensnormen ausdrückt wie auch in seinen Haltungen im Sinn der Handlungsbereitschaft der in seinem Denken dominierenden Stereotypen usw. Kurz ausgedrückt sagen wir, daß das Individuum ein historisches Gebilde ist – oder noch anders: daß es ein Produkt der gesellschaftlichen Verhältnisse ist. So hat Marx diesen Standpunkt formuliert, und diese seine Theorie des menschlichen Individuums gehört zu den originellsten Entdeckungen des Marxismus.

Heute geht die Wissenschaft vom Menschen weiter; sie reduziert im Rahmen der Soziobiologie sogar die Kulturschicht im Leben des Menschen auf den Status von epigenetischen Erscheinungen, das heißt auf Prozesse der gegenseitigen Beeinflussung der Gene und der Umwelt. Das menschliche Individuum wird also durch seinen Genotyp determiniert, demnach durch die genetische Konstitution eines gegebenen Organismus, dessen ganze Evolution in letzter Instanz von der genetischen Evolution abhängig ist, auf der erst – im Sinn einer Ko-Evolution – unter anderem die Kulturschicht im menschlichen Verhalten aufgebaut wird.

Man muß jedoch die Berechtigung dieser extremen Schlußfolgerungen nicht unbedingt anerkennen, um zu begreifen, daß im Licht der modernen Wissenschaft der Mensch nicht als *tabula rasa* auf die Welt kommt, was Locke zum Ausgangspunkt seiner Theorie der Erkenntnis gemacht hat, sondern daß er, im Gegenteil, als vielfältig beschriebenes Blatt geboren wird, das die phylogenetische Erfahrung in sich enthält, also jene, die im Lauf der Entwicklung der Art erworben wurde und nun die angeborenen Merkmale des Individuums ergänzt. Es entsteht die Möglichkeit einer Konstruktion im Sinne von Konrad Lorenz, der die Hypothese der Kantschen *A-priori*-Kategorien, also der dem Menschen unabhängig von seiner Erfahrung gegebenen, in der Weise erklärt, daß, obwohl diese Kategorien in der Ontogenese des Individuums einen *A-priori*-Charakter besitzen, sie in der Entwicklung der Spezies, also in einer phylogenetischen Perspektive, nichts anderes sind als das Ergebnis historischer

Erfahrung, das heißt, daß sie *a posteriori* gegeben sind.

Wie dem auch sei, die Theorien, die das Individuum im Geist eines religiösen Personalismus oder eines weltlichen Existentialismus als ein Bündel von freiem Willen und ungebundenen Entschlüssen auffassen, können im Licht unserer heutigen Kenntnisse und unseres Wissens vom Menschen und seinen vielfältigen Bedingtheiten nicht aufrechterhalten werden. Jenen, welche die Absolutierung der »Selbständigkeit« des individuellen Seins negieren, kommt nicht nur die Molekularbiologie mit ihrer Theorie des genetischen Kodes zu Hilfe, sondern auch die moderne Sprachphilosophie und die Soziolinguistik mit ihrem Verständnis für die Abhängigkeit des Denkens des Individuums vom gesellschaftlich vorgegebenen Sprachsystem, dazu die moderne Sozialpsychologie, insbesondere die multidisziplinäre Theorie von der Rolle der Stereotypen im menschlichen Denken und Handeln, die von einer anderen Seite den gesellschaftlichen Faktor des phylogenetischen Charakters in unsere Überlegungen zum Thema des menschlichen Individuums einführt. Das sind nur einige ausgewählte Gebiete der modernen Reflexion zu dem Thema, das uns hier interessiert.

Dieser kurze Ausflug in den Bereich der Philosophie des Menschen war insofern notwendig, als es sich um die Akzentuierung der These handelte, daß diejenigen sich irren, die in ihren Erwägungen zu diesen Problemen von der Voraussetzung ausgehen, der Begriff »menschliches Individuum« sei eindeutig. Im Gegenteil, er ist vieldeutig, und in seinem Schwanken zwischen den Konzeptionen des Personalismus und Existentialismus einerseits und der Konzeption eines gesellschaftlichen Individuums andererseits öffnet er Tür und Tor nicht nur für Meinungsunterschiede, sondern auch für zutiefst prinzipielle Auseinandersetzungen in dieser Frage.

Jeder, der sich über das menschliche Individuum ausspricht, stützt sich folglich – bewußt oder unbewußt – auf die Fundamente einer bestimmten Philosophie des Menschen, selbst wenn er versichert, er lasse sich nur von empirischen Voraussetzungen leiten. Und deswegen ist es wichtig, wenn wir über diese Fragen sprechen, daß wir uns von Anfang an darüber bewußt werden, wie wir dieses menschliche Individuum verstehen, über dessen Eigenschaften gestritten wird.

Im Sinn dieses Postulats stelle ich fest, daß, wenn ich im weiteren vom menschlichen Individuum und seinem Schicksal im Rahmen der gegenwärtigen industriellen Revolution spreche, es sich dabei um ein *gesellschaftliches Individuum* handelt. Gemeint ist also ein biologisches Individuum, das bei allen Erwägungen über den Menschen und die menschliche Gesellschaft unseren Ausgangspunkt bilden muß, wobei es seine individuellen Züge besitzt und in diesem Sinn unter allen anderen, ihm ähnlichen, aber gleichzeitig sich von ihm unterscheidenden Individuen »einmalig« ist, das aber gleichzeitig ein in bestimmten Klassen von Individuen gemeinsames Schicksal besitzt, nicht nur im biologischen, sondern auch im historisch-sozialen Sinn.

Unabhängig jedoch von dieser Gemeinschaft wird das Individuum in seiner Genese zu dem, was es ist, durch die gesellschaftliche Erziehung: durch den Einfluß der Sprache, der ihm durch Erziehung übermittelten Wertsysteme und der mit ihnen verbundenen Verhaltensnormen, durch die gesellschaftliche Übertragung von Stereotypen, die einen übermächtigen Einfluß auf das Denken und Handeln des Menschen ausüben, durch die Erwerbung eines bestimmten gesellschaftlichen Charakters, der ein *quasi* instinktives Handeln des Menschen in Situationen, die eine rasche Entscheidung erfordern, ermöglicht, usw. Alles das entscheidet darüber, daß das Individuum immer ein gewisses *Ensemble* von gesellschaftlichen Beziehungen darstellt, im Sinn eines Gebildes dieser Beziehungen. Doch ist das Individuum ein gesellschaftliches Individuum nicht nur seiner Entwicklung nach, sondern auch in dem Sinn, daß seine ganze Existenz sich im Rahmen der Gesellschaft abspielt, im Rahmen der mit ihr verbundenen gesellschaftlichen Arbeitsteilung (die dem Individuum seinen Platz im Rahmen einer bestimmten größeren Gesamtheit anweist – von der primitiven Urgesellschaft bis zur am höchsten entwickelten Informatik-Gesellschaft). Schließlich ist das Individuum in dem Sinn gesellschaftlich – das ist nur eine Folge des zuvor ausgesprochenen Gedankens –, als das Ziel seiner Tätigkeit und der damit verbundene Sinn seines Lebens gesellschaftlich bestimmt sind, wovon noch im nächsten Kapitel die Rede sein wird.

Uns interessiert nun die Frage: Was wird mit dem so verstandenen Individuum, das gesellschaftlich bedingt und gebunden, aber gleichzeitig in seinem individuellen Sein unwiederholbar ist, im Rahmen der Wandlungen geschehen, welche die gegenwärtige industrielle Revolution mit sich bringt? Welche Folgeerscheinungen wird diese Revolution im Leben des menschlichen Individuums mit sich bringen?

Wir wollen versuchen, diese Frage zu beantworten, wobei wir auf die Möglichkeiten und Alternativlösungen auf drei Ebenen des individuellen Lebens hinweisen möchten. Gemeint sind:

a) Individualität
b) Sinn des Lebens
c) Lebensstil.

VII. Individuum und Gesellschaft

Die Beziehungen zwischen dem Individuum und der Gesellschaft oszillieren gegenwärtig – zumindest theoretisch – zwischen zwei Polen: dem Individualismus und dem Totalitarismus.

Der Individualismus in seiner idealen Form würde ein völlig uneingeschränktes individuelles Dasein gewährleisten, das sich in seinem Handeln durch einen vollkommen freien Willen lenken läßt und nur das Wohl des betreffenden Individuums berücksichtigt. Es ist unschwer zu beweisen, daß diese utopische Konstruktion eines extremen Anarchismus nicht realisiert werden kann: Die »Robinsonaden« sind ein Phantom, der moderne Mensch kann nicht außerhalb der Gesellschaft existieren und muß deswegen bestimmte Ordnungsmaßnahmen akzeptieren; die Illusion der Utopie zerfällt bei der ersten Berührung mit der Wirklichkeit. Das aber schließt einen gemäßigten Individualismus nicht aus, wie er sich im Bannkreis der griechisch-römischen Kultur gebildet hat, besonders seit der Renaissance: er stellt sich zwar nicht die Aufgabe, sich von allen gesellschaftlichen Bindungen zu befreien – was einfach unmöglich wäre –, strebt aber danach, eine gewisse »Privatsphäre« zu erhalten, was bedeutet, daß die gesellschaftlichen Einschränkungen und die Ingerenz in das Privatleben auf ein Minimum beschränkt werden. Wie sich dieses Minimum darstellt, hängt von der historischen Form der gegebenen Gesellschaft und von den in ihr herrschenden Normen des menschlichen Zusammenlebens ab, anders gesagt: von den historisch herausgebildeten Bedürfnissen des Menschen. In dieser Hinsicht unterliegen wir nur zu leicht dem Druck des Europa-Zentrismus, wenn wir das Netzwerk unserer spezifischen Bedürfnisse auf andere Kulturen übertragen. Es fällt nicht schwer, diese Feststellung verbal zu akzeptieren; beim Zusammentreffen mit der entsprechenden Wirklichkeit, in der sie ihren Ausdruck findet, spürt man aber einen Schock: es erweist sich dann, daß unsere Bedürfnisse, besonders das Bedürfnis nach persönlicher Freiheit und »Intimsphäre«, nicht immer von Vertretern anderer Kulturen geteilt werden. Dabei können wir das, wenn wir uns die Sache in Ruhe überlegen, nicht als Zeugnis der Unterlegenheit anderer Kulturen ansehen, sondern nur als Beweis ihrer Andersartigkeit. Ich habe diese Erfahrung in einer geradezu empfindlichen Weise beim Zusammentreffen mit der chinesischen Kultur gemacht, was mich, angesichts ihres unzweifelhaften Niveaus und ihrer Werte, gelehrt hat, beim Formulieren der entsprechenden Urteile zurückhaltend zu sein.

Der Totalitarismus als zweiter Pol des Gegensatzes »Individualismus-Totalitarismus« bedeutet – im Extremfall – eine volle, auch geistige Unterordnung des Individuums unter die Gesellschaft. Leider existieren Beispiele dafür, daß dieser Extremfall zur gesellschaftlichen Wirklichkeit wird, was eine Tragödie für alle Menschen bedeutet, die das Bedürfnis nach persönlicher Freiheit in ihren verschiedenen Erscheinungsformen, darunter auch der Denkfreiheit, empfinden.

Die Frage, die sich uns hier aufdrängt, betrifft jedoch nicht die Beurteilung der Vergangenheit – obwohl ihre Erfahrungen eine entsprechende Typologie der Erscheinungen ermöglichen –, sondern die voraussehbare Entwicklung in der Zukunft. In welcher Richtung wird diese Entwicklung verlaufen, wenn es sich um das Schicksal des menschlichen Individuums handelt? Wird sie die Tendenz zu einem gemäßigten Individualismus fördern (seine extreme Form haben wir bereits als utopisches Phantom qualifiziert) oder zu einer gewissen Form des Totalitarismus? Das sind bedeutsame Fragen, denn sie betreffen das Schicksal des Menschen, nicht in seiner abstrakten Gestalt als Mittelpunkt der Welt, sondern in seinen konkreten Erscheinungsformen: als lebende und handelnde Individuen. Von der Antwort auf diese Frage hängen aber die Empfehlungen ab, die man – vorsorglich entgegenwirkend – angesichts der drohenden Gefahren formulieren kann.

Wie bei unseren vorigen Erwägungen zum Thema der künftigen gesellschaftlichen Trends befinden wir uns einer äußerst komplizierten Situation gegenüber, die jede eindeutige Antwort ausschließt, so daß uns nur die Möglichkeit bleibt, alternative Lösungen vorauszusehen. Was nun das menschliche Individuum betrifft, so sind diese Komplikationen, sei es nur wegen der größeren Zahl von Variablen und mit Rücksicht auf das Objekt unserer Überlegungen, noch viel größer.

Um aber diese Überlegungen anstellen zu können, müssen wir, gleich anfangs, eine eindeutige Antwort auf die Frage erteilen, welche Werte wir in diesem Bereich als Bezugssystem annehmen. Es gibt doch zweifellos sowohl Anhänger eines gemäßigten Individualismus wie auch des Totalitarismus, und jedes Werturteil ist immer relativ, bezieht sich immer auf ein akzeptiertes Wertsystem. Wir präferieren den Standpunkt eines gemäßigten Individualismus und wollen ihn für unsere weiteren Erwägungen als Bezugssystem annehmen.

Wie schon gesagt, wir wollen hier keine endgültigen und entschiedenen Urteile formulieren, sondern nur die Elemente der Situation analysieren und die hypothetisch möglichen Lösungsalternativen untersuchen. Da unsere Präferenzen – im Rahmen der hier berührten Problematik – sich in einem gemäßigten Individualismus ausdrücken, müssen wir vor allem überlegen, welche Elemente der gesellschaftlichen Situation während der Periode der zweiten industriellen Revolution dessen Entwicklung fördern und welche sie hemmen werden.

Wir sprechen hier, leider, nur von den Industrieländern (kapitalistischen wie den sozialistischen), da die Dritte Welt aus Gründen, von denen schon die Rede war, ein eigenes, kompliziertes Problem darstellt. In den Industrieländern aber wird die zweite industrielle Revolution – trotz der strukturellen Arbeitslosigkeit – eine Reihe von materiellen Veränderungen herbeiführen, die einen gemäßigten Individualismus fördern werden.

Erstens wird das rasche Reichwerden dieser Gesellschaften als Folge der perfektionierten automatisierten

Produktion in dieser Richtung wirken. Die Tatsache, daß derselbe Prozeß zur Zunahme der strukturellen Arbeitslosigkeit führen wird, ändert nichts an der Richtigkeit der vorherigen Behauptung; es wird eine reiche Gesellschaft sein, die sich mit dem Problem des Absterbens der Arbeit im traditionellen Sinn auseinandersetzen wird; der Reichtum wird ihr aber die Lösung dieses Problems erleichtern, zumindest in seinen materiellen Aspekten. Das hohe materielle Lebensniveau der Mitglieder dieser Gesellschaft, ihre unter unseren heutigen Bedingungen unvorstellbare materielle Unabhängigkeit: Selbst wenn diese Menschen keine Möglichkeit einer Erwerbsarbeit haben sollten (von anderen, komplizierteren Aspekten dieser Frage werden wir sprechen, wenn wir uns den Problemen des Sinns des Lebens der Menschen in der Informatik-Gesellschaft zuwenden werden), werden sie neue Impulse für die Entfaltung der Seite des Individualismus schaffen, die mit den Bürgerrechten verbunden ist. Dank ihrer materiellen Unabhängigkeit werden sie freier sein als heute, zumindest auf bestimmten Gebieten ihres Lebens. Diese Freiheit, auch im politischen Bereich, werden sie in einer solchen Situation besser verteidigen können als heute, und sicherlich werden sie das auch tun. Jedenfalls besteht eine solche Möglichkeit, welche die Demokratie fördert und im Leben des Individuums das begünstigt, was wir als gemäßigten Individualismus bezeichnet haben.

Zweitens wird sicherlich auch die Fülle von Informationen – von verschiedenartigen Informationen –, die den Menschen der Informatik-Gesellschaft zur Verfügung stehen wird, in derselben Richtung wirken. Sie werden infolgedessen aufgeklärter, wahrscheinlich universell gebildet sein (wovon noch die Rede sein wird), was die Entfaltung eines gemäßigten Individualismus ebenfalls begünstigen wird. Solche Einstellungen stehen keinesfalls im Gegensatz zum gesellschaftlichen Engagement; sie wirken vielmehr allen totalitären Tendenzen entschieden entgegen, besonders wenn jene auf eine Uniformierung des geistigen Lebens hinauslaufen, auf eine Drosselung seiner Selbständigkeit und Originalität.

Drittens schließlich wird diese Entwicklung, dank dem Reichtum und der Vielfalt an Informationen, die Isolierung der Menschen, ihre Entfremdung als Folge der Abriegelung in engen Berufs-, Klassen- oder nationalen Grenzen, aufbrechen und überwinden. Die Informatik-Gesellschaft weist in dieser Hinsicht widersprüchliche Tendenzen auf: einerseits verstärkt sie die Entfremdung der Menschen, andererseits ermöglicht sie ihre effektive Überwindung. Nehmen wir zum Beispiel das Büro der Zukunft, dessen Mitarbeiter meistenteils bei sich zu Hause arbeiten, wobei sie mit Hilfe von Computern und Bildschirmen miteinander verkehren und die notwendigen Unterlagen erhalten. Trotz der Möglichkeit visueller Kontakte über den Bildschirm wird eine solche Situation die Isolierung der auf diese Weise arbeitenden Menschen verstärken und dies in einer Zeit, in der die neuen, auf Glasfasertechnik und Kommunikationssatelliten gestützten Verkehrsmöglichkeiten es längst ermöglichen, die Barrieren der Isolation und der damit verbundenen Entfremdung auch von einsam weit außerhalb menschlicher Siedlungen wohnenden Menschen abzubauen (wie das schon heute zum Beispiel in Kanada geschieht). Freilich läßt es sich vorerst nur schwer sagen, ob ein Mensch, der zu Hause an einer Dokumentation arbeitet, die ihm ohne Hindernisse zugänglich ist, und der gleichzeitig ohne Behinderung mit den ihm bei dieser Arbeit nötigen Personen verkehren kann, nicht mehr Genugtuung in einer solchen Arbeitsweise finden wird als heute im Gedränge und dem Lärm einer großen Bürohalle, in der ein Kontakt mit den anderen Mitarbeitern nur illusorisch ist, deren Anwesenheit sowieso eher als störend empfunden wird. Man sollte noch hinzufügen, daß die derart durch die moderne Technik »isolierten« Menschen durch den ungeheuren Reichtum der heute noch unerreichbaren zwischenmenschlichen Kontakte dank den neuen Informationsquellen entschädigt werden können. Das ist selbstverständlich ein psychologisches Problem, das nur die Praxis entscheiden kann.

Jedenfalls kann man sagen, daß in allen solchen Fällen –

und die angeführten können nur als Beispiel dienen – die Zunahme des materiellen und informativen Reichtums, den die zweite industrielle Revolution den Menschen schenken wird, Situationen schaffen wird, die die Zunahme der individualistischen Tendenzen in dem besonderen Sinn, den wir diesem Begriff hier verliehen haben, fördern werden.

Selbstverständlich stecken in der gegenwärtigen Entwicklung auch bestimmte Gefahren, die sich auf die hier besprochenen Probleme beziehen. Wir haben das schon erwähnt, müssen aber jetzt vom Standpunkt des künftigen menschlichen Individuums und seiner Gefährdung durch totalitäre Tendenzen darauf zurückkommen.

Erstens bringt die Informatik-Gesellschaft die Gefahr der Manipulierung des Individuums mit sich, weil die entsprechenden Behörden über eine viel reichere Information über jeden Menschen verfügen, als das heute möglich ist. Wir haben auf diese Frage schon früher im Zusammenhang mit der Analyse der voraussehbaren Wandlungen der politischen Gesellschaftsformation hingewiesen. Die Entwicklung des Computerwesens wird unvermeidlich dazu führen, daß sich die Daten über alle Kennzeichen und Handlungen des Menschen in den Speichern der Computer verschiedenster Institutionen befinden, die mit ihm im Verlauf seines ganzen Lebens zu tun haben: das betrifft die staatliche und lokale Verwaltung, die Arbeitsstelle, die Schul-, Gesundheits- und Sozialfürsorgebehörden, die Gefängnisverwaltungen, Sportorganisationen, allerlei Hobbyverbände usw. Im Prinzip sind das alles getrennte Informationsquellen über den Bürger, und in letzter Zeit wurde versucht, Methoden zum Schutz des Datengeheimnisses auszuarbeiten, um den Zutritt »unberufener Personen« zu diesen Daten zu versperren.

Aber wer ist das eigentlich: eine »berufene Person«? Das hängt doch von dem Zweck ab, den man jeweils erreichen will, und ein berechtigter Skeptizismus ist am Platz, wenn es sich um ein solches Verbot gegenüber Institutionen handelt, die das Recht haben, den Bürger zu überwachen – selbst wenn wir voraussetzen, daß es zu seinem Wohl geschieht. Es ist wenig Aussicht, daß man sie daran hindern kann, alle Daten, welche die eine oder andere Person betreffen, in einem einzigen Computer zu speichern. Und damit ist nicht nur der Möglichkeit der Erpressung gegenüber dieser Person Tür und Tor geöffnet, wenn deren Gewissen durch irgend ein Delikt belastet ist.

Es entsteht noch eine andere, viel tiefer greifende Möglichkeit, diese Person zu manipulieren, wenn man nämlich dank einer entsprechenden Analyse der jeweils verfügbaren Daten mehr über sie weiß als sie selbst. Das ist keinesfalls eine imaginäre Situation, wenn wir berücksichtigen, daß der Mensch sehr häufig vor einer ihm unbequemen Selbsterkenntnis flüchtet und sich mit Hilfe verschiedener unterbewußter Verteidigungsmechanismen vom Typ der kognitiven Dissonanz vor ihr schützt; sehr oft lassen wir unangenehme Erkenntnisse über die eigene Person nicht an uns heran; ein außenstehender Analytiker würde allerdings keine solchen Hemmungen haben und deswegen mehr über uns wissen als wir selbst, besonders wenn er über die zu diesem Zweck benötigte Fähigkeit der wissenschaftlichen Analyse verfügt. Jedenfalls würde er genauer wissen als wir, wo unsere schwachen Punkte liegen. Das aber eröffnet ungeahnte Möglichkeiten der Manipulation, sei es auch nur im Sinn einer leichteren Überzeugung und Gewinnung für eigene Zwecke.

Das ist eine Waffe des Totalitarismus, der sich alle Techniken der Überzeugung und des Mitreißens der Massen durch geschickte Agitatoren dienstbar macht (vgl. das in dieser Hinsicht für den Psychologen äußerst interessante Kapitel über die Agitation in Hitlers *Mein Kampf)*, aber auch die Technik der geistigen Lähmung der Persönlichkeit. Samjatin hat in seinem zu Unrecht vergessenen Buch *Wir*, Anfang der zwanziger Jahre verfaßt und Vorbild aller späteren Werke der *science fiction*, die sich auf Gegenwartsthemen bezieht (Huxley, Orwell unter anderen), beschrieben, wie der Begriff des individuellen »Ich« unter dem totalitären Willen zur Uniformierung des menschlichen Geisteslebens durch ein kollektives »Wir« ersetzt wird. Angesichts gewisser Widerstände der Bürger des Stadtstaates, in dem die Handlung spielt, die im Geist des Individualismus gegen dieses Vorhaben protestieren, empfehlen die Wissenschaftler jener Zeit die Beseitigung eines von ihnen entdeckten Phantasiezentrums aus dem Gehirn der Menschen, was auch mit vollem Erfolg durchgeführt wird; am nächsten Tag marschieren Menschenroboter in einer Reihe, deren einziges Unterscheidungsmerkmal die auf ihre Kleidung geheftete Nummer ist. Operationen zur Zerstörung individualistischen Denkens, die physisch am menschlichen Gehirn durchgeführt werden müßten, haben sich als überflüssig erwiesen: der Totalitarismus bedient sich – außer dem körperlichen Zwang – der Waffe der Manipulation, in deren Interesse die Informatik eine Dienstrolle spielen kann. Ich signalisiere hiermit diese Gefahr.

Zweitens gibt es noch einen Kanal, durch den dieselbe Gefahr der Menschenmanipulation mit Hilfe einer entsprechend angewandten Informatik auftreten kann. Es handelt sich diesmal nicht um die Information *über* den Menschen, sondern um eine »Gehirnwäsche« mit Hilfe von entsprechend angewandten Informationen: um die Umgarnung des Menschen durch Information. Welche Methoden der »Gehirnwäsche« bei Gefangenen oder Kriegsgefangenen, die man geistig »umdrehen« will, angewandt werden, ist offiziell nicht bekannt; diese Dinge werden geheimgehalten, sie gehören fast zu den Kriegsgeheimnissen. Es ist jedoch bekannt, daß solche Methoden existieren und daß sie angewandt werden. Bekannt ist auch – in Theorie und Praxis –, daß man das Bewußtsein des Menschen unterschwellig beeinflussen kann, unter anderem durch Einschaltung zeitlich äußerst kurzer Signale, die normalerweise nicht wahrgenommen werden, in eine Filmvorführung oder durch im Schlaf übermittelte Reize.

Aber selbst wenn wir diese außerordentlichen Einflußmöglichkeiten außer acht lassen und uns auf die gewöhnliche Beeinflussung der menschlichen Psyche durch Information konzentrieren, müssen wir betonen, welche wichtige Rolle dabei vor allem die Massenmedien spielen: Rundfunk, Fernsehen, Presse, Film usw. Durch eine beharrliche Berieselung mit bestimmten Inhalten sind sie imstande, die öffentliche Meinung beliebig zu steuern. In allen Ländern weiß man: Wer die Verfügungsgewalt über diese Informationskanäle besitzt, der steuert nicht nur die öffentliche Meinung, er kann auch in einem längeren Zeitraum die Persönlichkeitsmuster und den gesellschaftlichen Charakter der Menschen formieren. Das kann in einer höchst sublimen Weise geschehen, wobei die Propagandaspitze der übermittelten Information getarnt ist. Einem solchen Einfluß gegenüber ist der Mensch hilflos, selbst wenn er ihm widerstehen wollte. Es ist klar, daß es sich dabei um eine machtvolle Waffe in den Händen der Vertreter totalitärer Strömungen handelt. Höchst anschaulich hat Orwell diesen Sachverhalt in seinem Roman *1984* anhand der Aktivitäten des »Wahrheitsministeriums« dargestellt – wenn er auch diese Dinge ad absurdum führt. Leider drängt sich uns die Frage auf: Hat er sie wirklich ad absurdum geführt, wenn wir die Möglichkeiten der modernen Informationstechniken berücksichtigen?

Drittens kann auch die Schulausbildung den Menschen entsprechend beeinflussen, besonders während seiner Jugend. Viel hängt vom Programm dieser Ausbildung ab, vom Inhalt der hier übermittelten Informationen, obwohl der Einfluß der Familie diese Einwirkung einschränken kann. Man darf aber nicht vergessen, daß durch Schulbildung nicht nur Kenntnisse vermittelt werden, sondern in einer oft verhüllten Weise auch persönliche Vorbilder und der gesellschaftliche Charakter der Menschen, und daß ein bestimmtes Wertsystem gesellschaftliche Billigung erfährt. Dabei handelt es sich nicht nur um die Schulpraxis, sondern auch um die Übertragung bestimmter Lernprogramme durch die Massenmedien, wobei dieser Weg in der Informatik-Gesellschaft zunehmende Bedeutung erhalten wird, was besonders den Rundfunk und das Fernsehen trifft. Wir werden darüber im nächsten Kapitel noch ausführlicher im Zusammenhang mit dem kontinuierlichen Lehrprozeß sprechen. Gerade hier stecken die Gefahren, von denen vorher die Rede war; entscheidend wird sein, in wessen Händen sich die Leitung dieser Massenmedien befindet und in welche Richtung ihre Tätigkeit weist. Die Sache ist umso wichtiger, als die Übertragung solcher Programme durch stationäre Kommunikationssatelliten sie weitgehend gegenüber lokalen Entscheidungen unabhängig machen wird; entscheiden werden dann nämlich die, welche über das Satellitensystem verfügen. Wie schon angedeutet, verbirgt sich in dieser Situation eine potentielle Gefahr für die ethnischen Kulturen, dasselbe kann sich aber auch auf das uns hier interessierende Ringen zwischen den individualistischen und totalitären Tendenzen beziehen. Gegenwärtig läßt sich nicht viel mehr zu diesem Thema sagen, wenn man sich nicht auf Spekulationen einlassen will. Es lohnt sich aber, die Aufmerksamkeit auf die drohenden Gefahren zu lenken.

Viertens schließlich sind noch gewisse, heute schon bemerkbare Erscheinungen im Spiel, die weltweit unter der Jugend zu beobachten sind. Es handelt sich dabei um Erscheinungen, die manchmal wegen ihrer gegenüber den existierenden Gesellschaften entfremdenden Form frappierend wirken – etwa in der Art von Handlungen *pour épater les bourgeois,* die aber, wenn man einmal von der häufig schockierenden äußeren Gestalt absieht, die diese Prozesse begleitet (Kleidung, Haartracht usw., die aber nur akzidentellen Charakter haben, um die eigene alienierte Einstellung zu unterstreichen, und keine größere Rolle spielen), trotz ihrer Vielfalt auf einen gemeinsamen Nenner gebracht werden können: ein Streben nach dem Leben im Kollektiv, eine Trennung vom sich separierenden Individualismus – trotz des Scheins jener Akzidenzien. Das Wichtigste an diesen Prozessen ist, meiner Meinung nach, ihr Streben zur Bildung von »Großfamilien«, obwohl die Formen sich da unterscheiden. Eine andere psychologisch wichtige Erscheinung ist in diesem Zusammenhang das kollektive Erlebnis der oftmals zur Massenhysterie führenden modernen Popmusik. Beide Erscheinungen warten noch auf eine vertiefte psychologische und soziologische Analyse, obwohl in vielen Ländern schon nicht wenig – aber immer noch reichlich oberflächlich – zu diesem wichtigen Thema geschrieben worden ist.

Eine zweifellos elementare Erscheinung, die im übrigen mit den Lebensbedingungen des modernen Menschen verbunden ist, stellt jenes Streben zur Bildung von »Großfamilien« dar, das nicht unbedingt – eher in seltenen Fällen – mit dem Problem gelockerter Sexualbeziehungen und ihrer Normierung durch die traditionelle Familie verbunden ist. Das gab es nicht in den »Großfamilien« der primitiven Gesellschaften – sie waren in dieser Hinsicht eher restriktiv; es muß auch nicht in den gegenwärtig entstehenden »Großfamilien« so sein (und ist es auch normalerweise nicht). Ihre Grundlage bildet eher das Bestreben zur Bildung einer vielfältigen sozialen Kooperation, die das Leben des Individuums erleichtert und bereichert. Jedenfalls ist diese Rückkehr (aber in veränderter Gestalt, denn heute stützt sich die »Großfamilie« nicht auf Blutsverwandtschaft) von Interesse.

Vom Standpunkt des uns hier angehenden Problems des Zusammenstoßes zwischen den individualistischen und totalitären Tendenzen ist das Streben nach dem Massenerlebnis der modernen Musik, des Tanzes, des Sports, ja sogar religiöser Praktiken psychologisch noch interessanter. Was die zuletzt angeführten Erlebnisse betrifft, so finden sie hier und dort ihren Ausdruck in der Bildung verschiedener, in ihrer Form und Genese oftmals exzentrischer religiöser Sekten. Wir wollen aber nicht vergessen, daß diese Methode, die Massen mitzureißen und zusammenzuschweißen, vom Faschismus gebraucht – und mißbraucht – wurde. Welche Entwicklung werden diese Erscheinungen in der Informatik-Gesellschaft nehmen? Wahrscheinlich werden sie zunehmen. Einerseits werden das die materiellen Bedingungen einer wohlhabenden Gesellschaft begünstigen, andererseits wird das wachsende Gefühl der Isolation und Frustration unter der strukturell arbeitslosen Jugend in derselben Richtung wirken, selbst wenn verschiedene »Ersatz«-Beschäftigungen für die traditionelle Arbeit angeboten werden sollten – was unbedingt getan werden muß (wir werden darauf noch zurückkommen).

Diese Jugend wird notwendigerweise einen Ausgleich für die verlorenen gesellschaftlichen Bindungen in einer neuen Gestalt suchen, dies umso mehr, da die besorgniserregenden Erscheinungen der Isolation und Entfremdung, die heute schon die sogenannte »Massengesellschaft« kennzeichnen, in der das Individuum sich unter den Menschenmassen, die es umgeben, verloren und isoliert fühlt, allem Anschein nach zunehmen werden. Es ist psychologisch verständlich, daß der Mensch – besonders der junge Mensch –, den diese isolierende Entfremdung trifft, seine Rettung davor in der Brüderlichkeit der »geschlossenen Reihen« suchen wird: angefangen von den unschuldigen und durchaus positiven Wirkungen des Lebens in einer »Großfamilie« über die Hysterie der Pop- oder Sporterlebnisse einer Menschenmasse bis zu den gesellschaftlich sorgenerregenden »geschlossenen Reihen« von Jugend-Gangs oder der bewußt zum Einfangen solcher Stimmungen organisierten paramilitärischen Abteilungen. Wiederum sprechen wir hier nur eine Warnung vor der drohenden Gefahr aus; doch es handelt sich zweifellos um eine reale Gefahr.

Wenn wir diese Überlegungen zusammenfassen, müssen wir feststellen, daß wir es mit zahllosen Fragezeichen und Alternativen zu tun haben. Anders kann es auf diesem Gebiet auch nicht sein, da es sich ja um Prognosen handelt, wenn auch für eine relativ nahe Zukunft. Und die Schlußfolgerung? Eine entscheidende Bedeutung wird das bewußte Handeln der Menschen haben, das diese Zukunft in der einen oder anderen Weise gestalten kann. Wenn wir den Problemkreis aus dieser Perspektive betrachten, wird klar, daß selbst die von uns formulierten Fragezeichen und Alternativen von Bedeutung sind; sie weisen nämlich auf die Möglichkeiten und Gefahren hin und bezeichnen damit die Richtung des entsprechenden Handelns.

Eins muß am Ende noch hervorgehoben werden. Bei der Betrachtung der Probleme des menschlichen Individuums tun wir das in einem gewissen Sinn unabhängig und ohne an die sozialen Probleme anzuknüpfen, die Gegenstand unserer früheren Analyse waren. Es wäre aber ein Fehler, wollten wir diese Sachgehalte voneinander trennen; das würde unsere ganze Überlegung deformieren. Es ist klar, daß die Probleme des Individuums und seiner Bindungen an die Gesellschaft organisch mit der gesellschaftlichen Problematik verbunden sind – sie bildet ihre Basis. Die Frage des Siegs der individualistischen oder totalitären Tendenzen hinsichtlich der Situation des Individuums in der Informatik-Gesellschaft hängt vor allem davon ab, wie die Probleme der politischen Formation dieser Gesellschaft gelöst werden: im Geist der Demokratie oder des Totalitarismus.

Wir haben früher darauf hingewiesen, welche Interessen und welche gesellschaftlichen Kräfte in diesem Konflikt aufeinanderprallen werden. Es muß aber vollkommen klar sein, daß auf der Grundlage der einen oder anderen Lösung des Streits um die politische Form der Informatik-Gesellschaft auch der Konflikt bezüglich der Lage des menschlichen Individuums, von dem oben die Rede war, in einer entsprechenden Weise gelöst werden wird. Das ist eine wichtige Feststellung, denn sie beeinflußt die Handlungsrichtung der Menschen, welche die individualistischen Tendenzen auf diesem Gebiet begünstigen. Es erweist sich jedoch, daß man nicht um ihren Sieg kämpfen kann, ohne sich dem Kampf um den Sieg einer demokratischen politischen Ordnung der Informatik-Gesellschaft anzuschließen. Es könnte scheinen, daß diese These so offensichtlich ist, daß sie geradezu banal klingt, aber angesichts ihrer politischen Folgen ist sie äußerst bedeutsam.

VIII. Der Mensch auf der Suche nach dem Sinn des Lebens

Homo studiosus – Homo universalis

Wir haben bisher die strukturelle Arbeitslosigkeit – ein Epiphänomen der Automatisierung der Produktion und der Dienstleistungen – vom Standpunkt ihrer ökonomischen und politischen Folgen untersucht. Jetzt wollen wir uns – in Übereinstimmung mit dem allgemeinen Programm dieses Teils unseres Buches – den Folgen dieser Arbeitslosigkeit aus der Perspektive des menschlichen Individuums zuwenden. Es ist offenkundig, daß das ökonomische Phänomen der Arbeitslosigkeit sich unmittelbar auf das Individuum bezieht, das seine Arbeit verliert; doch es gibt noch einen anderen Aspekt der Frage, der tiefer mit seinem Schicksal verbunden ist: der Verlust dessen, was wir in der Sprache der Philosophie den Sinn des Lebens nennen.

Der Ausdruck »Sinn des Lebens« klingt philosophisch; da sich aber die Philosophen häufig mit den Problemen, für die dieser Ausdruck steht, in spekulativer Weise befaßt haben, ruft er den Widerstand des Lesers und den Verdacht hervor, ich könnte beabsichtigen, ihn auf die Seitenwege lebensfremder und abstrakter Überlegungen zu führen. Diese Annahme ist falsch; sie berücksichtigt die Tatsache nicht, daß wir es hier mit einem vieldeutigen Ausdruck zu tun haben, der auch eine äußerst praktische Begriffsbestimmung hat, die mit dem alltäglichen Leben des Menschen verbunden ist. Eben dieser wollen wir unsere Aufmerksamkeit widmen.

Zur Überwindung dieses Skeptizismus der Ungläubigen, die Widerwillen gegen einen durch eine Hypothek der Vergangenheit belasteten Ausdruck empfinden, sollte die Tatsache dienen, daß die Problematik des Sinns des Lebens heutzutage in der Psychiatrie Karriere macht, insbesondere in der sogenannten Logotherapie, einer Richtung, deren Autor der Wiener Psychiater Prof. Victor Frankl ist. Ohne hier auf die Erläuterung der Arbeitsweise der Logotherapie einzugehen – das würde den Rahmen unserer Überlegungen sprengen –, will ich lediglich auf ihre theoretische Basis hinweisen. Sie wird durch die Theorie der »existentiellen Leere« gebildet *(existential vacuum)*, die sich auf die Behauptung zurückführen läßt, daß der Besitz eines »Sinns des Lebens« – = das Bewußtsein dessen, wozu, mit welchem Ziel wir im Leben handeln – ein menschliches *Bedürfnis* ist. Deswegen führt der Verlust dieses Bewußtseins (mit anderen Worten: des Sinns des Lebens) zur Herausbildung einer gewissen »existentiellen Leere«, die pathologischen Charakter hat und die Grundlage für verschiedene psychische Erkrankungen bildet. Der Arzt muß dem Patienten beim Wiedergewinnen dieses verlorenen Sinns behilflich sein (er kann niemandem gegeben werden, man kann aber beim Wiederauffinden helfen). Diese Tätigkeit ist die eigentliche Aufgabe der logotherapeutischen Technik.

Was verstehen wir an dieser Stelle unter dem »Sinn des Lebens«? Etwas Ähnliches wie die Logotherapie, die sich auf die Theorie der »existentiellen Leere« stützt (ich unterstreiche diese Ähnlichkeit, weil ich die Auffassung teile, daß der Verlust des Sinns des Lebens beim Menschen zur psychischen Pathologie führt), also jene Inhalte, die das Handeln des Menschen motivieren, indem sie ihm ein Gefühl der Genugtuung über die erfüllte Aufgabe vermitteln, wenn das Resultat seiner Tätigkeit positiv ist. Wie wir sehen, ist die Bedeutung ganz einfach und hat nichts mit philosophischer Spekulation gemein. Es handelt sich dabei jedoch um lebenswichtige Angelegenheiten, wovon unter anderem die moderne Psychiatrie zeugt. Ein vom Menschen internalisierter Sinn des Lebens ist für ihn ein positiver Wert, denn er entscheidet sogar über sein psychisches Wohlbefinden.

Nun enthält aber die gegenwärtige industriell-technologische Revolution Elemente, die diesen Wert gefährden, was in der Folge auch die psychische Gesundheit der Menschen gefährden kann. Deshalb verdient die Sache eine eingehendere Analyse.

Diese Gefährdung steht in Verbindung mit der für diese Revolution immanenten Entwicklung der strukturellen Arbeitslosigkeit als Folge der Automatisierung und Robotisierung der Produktion und der Dienstleistungen. Mit anderen Worten: Diese Revolution wird im Maße ihrer Entwicklung immer größere Menschenmassen von der Arbeitspflicht befreien, wovon wir – im gesellschaftlichen Aspekt – schon gesprochen haben. Im individuell-menschlichen Aspekt dagegen bedeutet das so viel, daß immer mehr Menschen die Möglichkeit der Erwerbsarbeit dauernd entzogen wird (das heißt der Arbeit im traditionellen Sinn des Wortes), da es sich dabei nicht um vorübergehende Störungen des Arbeitsmarkts handeln wird, sondern darum, daß die menschliche Arbeit, auf vielen Gebieten von Automaten und Robotern ersetzt, einfach überflüssig sein wird. Unter der Voraussetzung, daß diese von der Arbeit »befreiten« Menschen die für den Lebensunterhalt nötigen Mittel von der Gesellschaft erhalten werden – auch davon war schon die Rede –, wäre diese Erscheinung positiv zu bewerten, als Befreiung des Menschen vom Fluch Jehovas, der ihn dazu verdammte, sein Brot im Schweiße seines Angesichts zu essen. Das wäre die eine – wichtige und positive – Seite des Problems. Es gibt aber auch noch eine andere Seite der Medaille, mit der wir uns hier befassen müssen: Der Mensch, der seine Arbeit verliert, verliert gleichzeitig den wichtigsten, im Prinzip alles erfassenden Sinn des Lebens.

Wenn man sich unter dem Druck des Stereotyps befindet, demzufolge der Ausdruck »Sinn des Lebens« irgend einen geheimnisvollen, vielleicht sogar mystischen Inhalt in sich birgt, so kann der oben formulierte Gedanke, daß die Arbeit den am allgemeinsten verbreiteten Sinn des Lebens bildet, geradezu trivial anmuten. Und doch ist es ein wichtiger Gedanke. Außer bei gesellschaftlichen Schmarotzern ist die Arbeit die grundlegende Motivierung des menschlichen Handelns in der heutigen Gesellschaft, wenn man die breitesten Massen berücksichtigt. Es handelt sich dabei nicht nur um Stimuli, die mit dem Bestreben nach Erringung des materiellen Lebensunterhalts verbunden sind, der den breiten Fächer von Bedürfnissen des Bürgers der modernen Industrieländer befriedigen würde, sondern darüber hinaus – diese Reihenfolge der Aufzählung setzt den Rang und die Bedeutung der entsprechenden Anliegen nicht herab – um die Gewährleistung eines erwünschten gesellschaftlichen Status als Folge der entsprechenden Arbeit: um die Rolle, die das Individuum in der Gesellschaft spielt. Auch das darf man nicht vergessen, besonders im Fall von jungen Leuten, die sich sicherlich nicht durch Dotierungen – selbst hohe – aus der gesellschaftlichen Kasse, die ihre materiellen Bedürfnisse decken, befriedigen lassen werden. Für sie bedeutet heute Arbeit ein Symbol ihrer Selbständigkeit, ihrer gesellschaftlichen Vollwertigkeit und den Weg zum gesellschaftlichen Aufstieg (im Sinn eines entsprechenden Status). Wenn diese Reize fehlen, verschwindet auch der Ansporn zum Lernen, und die »existentielle Leere« – und mit ihr die *Langeweile* – schleicht sich in das Leben ein. Sie findet unter anderem ihren Ausdruck im mangelnden Interesse für das, was in der Gesellschaft vor sich geht.

Ich bin der Meinung, daß uns bisher die entsprechenden empirischen und theoretischen Untersuchungen des Problems der Langeweile als Quelle der Sozialpathologie, besonders unter der Jugend, fehlen. Es gibt viele praktische Hinweise dafür, daß die Fähigkeit eines Sozialpädagogen, der Jugend entsprechende Interessen und die dementsprechende Begeisterung zu vermitteln, eine effektive Hilfe darstellt, um sie aus dem Bannkreis der Sozialpathologie zu lösen; andererseits verfügen wir über zahlreiche politische Erfahrungen in diesem Bereich, die davon zeugen, daß ein diesbezügliches »Vakuum« von totalitären Gruppen genutzt werden kann, um die Jugend für sich zu gewinnen. Sie verstehen es mit Leichtigkeit, die bestehende Leere mit dem Flitterglanz tönender Parolen zu füllen (besonders wenn sie den Nationalismus und die Feindgefühle gegenüber den »Fremden« ansprechen). Gleichzeitig vermitteln sie damit der Jugend das Gefühl einer Gemeinschaft, eines »Marsches in geschlossenen Reihen«. Der Verlust der Arbeit bedeutet also für den jungen Menschen den schmerzlichen Verlust des bisher funktionierenden Sinns des Lebens. Falls dieser nicht durch einen anderen ersetzt wird, zeichnet sich die gefährliche Möglichkeit ab, daß die Jugend der Pathologie ausgeliefert wird, die schon heute in verschiedenen Ländern in der Form von Drogensüchtigkeit, Alkoholismus und Jugendkriminalität in Erscheinung tritt. Und das sind zunächst die Blümchen; die reifen Früchte werden sich erst in einer hochentwickelten Gesellschaft mit struktureller Arbeitslosigkeit zeigen, falls die entsprechenden vorbeugenden Maßnahmen nicht rechtzeitig ergriffen werden.

Welche? Bevor wir diese Frage beantworten, wollen wir uns die Gefahren der Zukunft etwas näher ansehen; ist die Gefahr einer strukturellen Massenarbeitslosigkeit wirklich real? Muß man wirklich schon heute dazu schreiten, ihren eventuellen Folgen entgegenzuwirken?

Die Antwort auf die erste Frage ist zweifellos bejahend: Jawohl, mit der Entwicklung der Informatik-Gesellschaft wird das Phänomen der strukturellen Arbeitslosigkeit unvermeidlich zunehmen, und es wird bald ungeheure Ausmaße erreichen, wobei es in erster Linie – zumindest in der Anfangsperiode – die jungen Menschen treffen wird. Sie werden ihr schutzlos ausgeliefert sein, besonders im Vergleich zu den älteren Jahrgängen, die schon (oder noch) einen Arbeitsplatz haben und die immerhin von den Gewerkschaften verteidigt werden. Die jungen Menschen werden im Augenblick der Reife getroffen werden, die gewöhnlich mit dem Beginn der selbständigen Arbeit zusammenfällt; alle traditionellen Wege werden ihr in dieser Situation versperrt sein. Dem widerspricht auch die Tatsache nicht – um Mißverständnisse zu vermeiden, muß das ausdrücklich hervorgehoben werden –, daß es sich nicht um ein *völliges* Verschwinden aller bisherigen Formen von Arbeit handelt. Viele Arten der Arbeit werden bleiben, manche werden sich zahlenmäßig entwickeln, es werden neue Arbeitsgebiete entstehen.

Erstens werden sich alle Bereiche der sogenannten

schöpferischen Arbeit erhalten, wobei sie zahlenmäßig viel stärker entwickelt sein werden als heute. In dieser Richtung werden zwei Faktoren wirken: In einer reicheren Gesellschaft wird der Zutritt zur Bildung in diesen Bereichen materiell leichter sein; darüber hinaus wird die Nachfrage nach wissenschaftlichen Kadern enorm zunehmen, wenn die Wissenschaft das wichtigste Produktionsmittel wird.

Zweitens lassen sich die Berufe, die sich mit der Organisation des gesellschaftlichen Lebens befassen, nicht von Automaten verdrängen, obwohl sie die Hilfe der Computer nutzen und dadurch vervollkommnet werden. Das bezieht sich auf die Erforschung der gesellschaftlichen Bedürfnisse und die Planung ihrer Befriedigung, auf das Gesundheitswesen, das Schulwesen, den Transport, Handel, Umweltschutz, Dienstleistungen der Banken, Restaurants, Hotels usw. Wie man sieht, haben wir es hier mit einer riesigen Nachfrage und einer entsprechend großen Zahl der sie befriedigenden Berufe zu tun, wobei die Bereicherung der Gesellschaft zur Annahme berechtigt, daß sie zahlenmäßig wachsen werden.

Drittens muß man mit einer Entfaltung der heute in embryonaler Form (und nur in den reichen Ländern) existierenden Netzwerke verschiedener Formen der Sozialfürsorge rechnen (sogenannte *social worker*). Sie wird in größerem Maße auf den individuellen Menschen eingestellt sein: auf ältere Menschen, Krüppel, Kranke, Jugendliche im Wachstumsalter usw. Es muß wiederum unterstrichen werden, daß es sich auch in diesem Fall um einen Bereich handelt, der in raschem Tempo wachsen wird.

Viertens werden die Berufe der Kontrolleure und Organisatoren der Produktion und Dienstleistungen erhalten bleiben, die, obwohl zahlenmäßig geringer, ein größeres Fachwissen erfordern werden. Dazu kommen noch neue Arbeitsplätze, die mit der Entwicklung der Mikroelektronik und ihrer Anwendungen verbunden sind.

Fünftens wird, im Zusammenhang mit der geradezu explosiv wachsenden Freizeit der Menschen, die Zahl der Fachleute wachsen, die sich mit ihrer Gestaltung befassen: zum Beispiel im Bereich des Sports, der Touristik usw.

Sechstens schließlich, *last but not least*, bleibt noch die Land- und Forstwirtschaft, Gärtnerei, Viehzucht usw., die trotz aller, selbst der erstaunlichsten Fortschritte der Automatisierung und Robotisierung (schon heute gibt es auf diesem Gebiet die reinsten »Wunder«, zum Beispiel Maschinen, die das Feld automatisch bearbeiten oder den Dünger automatisch dosieren usw.) immer noch menschliche Arbeit brauchen werden. Auf diesem Gebiet trügt aber der Schein, denn zahlenmäßig kann man nicht zu viel von diesen Beschäftigungen erwarten, wenn man berücksichtigt, daß in den hochindustrialisierten Ländern die Agrarbevölkerung schon heute nicht viel mehr als etwa 3 Prozent der Bevölkerung ausmacht. Es ist nämlich sicher, daß diese Landbevölkerung mit dem weiteren Fortschritt der Automatisierung schrumpfen wird.

Wie wir also sehen, wird auch in der Informatik-Gesellschaft mit ihrer ganzen Automatisierung und Robotisierung eine Reihe von Arbeitsgebieten, die aus der Vergangenheit bekannt sind, erhalten bleiben. Dazu werden noch neue Gebiete kommen. Ein großer Teil der Bevölkerung wird also weiterhin Arbeit haben, und wenn man noch die Arbeitszeitverkürzung berücksichtigt, wird die Zahl der Arbeitenden zunehmen. Ich unterstreiche das nicht nur, um unnötige Panik zu vermeiden, sondern auch um dem Vorwurf der Übertreibung bei der Einschätzung des Ernstes der Lage vorzubeugen. Ich rechne mit einem solchen Vorwurf von der Seite jener, die meinen ganzen Gedankengang angreifen werden und auf diese Weise die notwendigen Maßnahmen zur Vorbeugung der signalisierten Erscheinungen gefährden können. Solche Maßnahmen sind aber notwendig – ich wiederhole meine Warnung –, und man sollte schon heute zu ihrer Vorbereitung schreiten. Denn trotz der obigen Einschränkungen, aus denen folgt, daß ein großer Teil der Bevölkerung, vielleicht sogar ihre Mehrheit, auch in der uns hier interessierenden zeitlichen Perspektive Beschäftigung finden wird, muß man in den Industrieländern damit rechnen (ich wiederhole: die Länder der Dritten Welt sind ein Sonderproblem, hinter dem sich eine Katastrophe verbirgt und das deshalb selbständig behandelt werden muß), daß die strukturelle Arbeitslosigkeit Dutzende und vielleicht gar Hunderte von Millionen Menschen ergreifen wird. Genügend Anlaß zur Sorge! Angesichts der oben dargelegten beruhigenden Ausführungen muß noch einmal daran erinnert werden, daß die Automatisierung und Robotisierung unvermeidlich Millionenmassen von Produktions- und Dienstleistungsarbeitern (auch im Bereich mancher geistigen Tätigkeiten) treffen wird.

Es gibt also ein reales Problem, ein ernstes Problem, das sich in ein gesellschaftlich bedrohliches Problem verwandeln kann (Gefahr der Sozialpathologie), falls nichts unternommen wird, um die Situation rechtzeitig zu entladen. Ist es wirklich so? Wir stellen diese Frage, denn sie entspricht der negativen Einstellung der Gegner jeglicher entsprechenden Maßnahmen, die ihrer Ansicht nach unnötig wären. Es gibt zwei Kategorien der Anhänger einer Politik des *Laisser-aller* auf diesem Gebiet.

Die ersten berufen sich auf die Tatsache, daß jeder größere Wandel der Produktionstechnologie von bestimmten Störungen im Funktionieren des gesellschaftlichen Mechanismus begleitet war und daß dieser Mechanismus sich mit der Zeit selbsttätig wieder eingespielt hat. So war es – meinen sie – in der Nachfolge der ersten industriellen Revolution, so wird es auch nach der zweiten sein, wobei alle Eingriffe, die sich die Regulierung ihres Verlaufs zum Ziel setzen, die Lage nur komplizieren könnten.

Diese Argumentation ist mit einem doppelten Fehler behaftet. Erstens berücksichtigt sie die gesellschaftlichen Kosten einer solchen »spontanen« Entwicklung nicht; während der ersten Revolution hat die Mechanisierung der Produktion, besonders in der Textilindustrie, Millionen Opfer als Folge der Zerstörung ihrer traditionellen Arbeitsplätze durch die Konkurrenz gekostet (Indien, Aufstand der schlesischen Weber usw.); wieviel mehr müßte, angesichts ihrer Ausmaße, die zweite industrielle Revolution kosten, wenn man ähnlich vorgehen wollte, das heißt ohne gesellschaftliches Verantwortungsgefühl für den Ablauf der Ereignisse? Kann sich die Gesellschaft das leisten? Zweitens ist keineswegs gesagt, daß, wenn eine solche Operation – unabhängig von ihren Kosten – in der Vergangenheit erfolgreich war, dasselbe auch heute unter völlig veränderten Bedingungen eintreten wird. Ein solcher Gedankengang ist mit dem logischen Fehler des *non sequitur* behaftet.

Die Vertreter der zweiten Gruppe weisen auf die Erfahrung der sogenannten primitiven Völker hin beziehungsweise auf die Tatsache, daß zum Beispiel die Vertreter der Aristokratie in vergangenen Epochen ausgezeichnet ohne Arbeit leben konnten und sogar mit Verachtung auf den arbeitenden Menschen blickten.

Beide Argumente sind unhaltbar. Das *dolce far niente* der Vertreter der sogenannten primitiven Völker ist eine typische Unterbrechung – in der Art unserer Freizeit – ihrer normalen Beschäftigung (Jagd, Krieg usw.), die den Sinn ihres Lebens ausmachten. Außerdem kann man nur infolge völliger Unwissenheit auf dem Gebiet der Sozialpsychologie »vergessen«, daß der Mensch und seine Bedürfnisse historisch bedingt sind (es war schon früher davon die Rede) und daß deswegen die Bedürfnisse der Menschen in der modernen Industriegesellschaft sich qualitativ von den Bedürfnissen, sagen wir: des Vertreters eines Stamms aus der Kalahari unterscheiden.

Was aber die Lebensweise der Aristokratie vergangener Epochen betrifft, so darf man nicht vergessen, daß ihre Mitglieder überreich an Beschäftigungen waren, die den Sinn ihres Lebens bildeten (Kriegshandwerk, höfische und staatliche Aufgaben usw.). Ganz offensichtlich ist das Übertragen solcher Beispiele auf das Leben des Menschen in der modernen Gesellschaft ein Unsinn, der sich nur auf einen extremen Ahistorismus stützen kann.

Doch läßt sich eine Lehre aus dieser Diskussion mit entsprechenden Schlußfolgerungen für unsere weiteren Überlegungen ziehen: daß nämlich der Sinn des menschlichen Lebens zwar immer mit irgendeiner Beschäftigung verbunden war, daß diese Beschäftigung aber nicht immer der Arbeit in unserem heutigen Sinn entsprach, das heißt vor allem der Erwerbsarbeit oder einer sie ersetzenden Form. Das ist eine wichtige Feststellung, sobald wir uns die Frage stellen: Wie und wodurch soll der infolge des Absterbens der Arbeit im traditionellen Sinn verlorene Sinn des menschlichen Lebens ersetzt werden?

Die Antwort auf diese Frage lautet: durch Schaffung von Beschäftigungen, die die Arbeit im traditionellen Sinn ersetzen. Sie müssen gleichzeitig die Grundlage für die Erringung der für seine Lebensbedürfnisse notwendigen (auf einem gegebenen historischen Niveau der menschlichen Bedürfnisse) materiellen Mittel bilden und dazu noch seinen gesellschaftlichen Status bestimmen, mit allem Ansporn, der von der damit verbundenen Möglichkeit des gesellschaftlichen Aufstiegs geschaffen wird.

Also Beschäftigung *versus* Arbeit. Es geht dabei aber nicht nur um eine Änderung der Bezeichnung oder um eine eventuelle Änderung der Entlohnungsform, die dem Menschen zustehen wird. Es handelt sich um eine wesentliche Neuerung, ohne die es nicht möglich sein wird, das Problem der strukturellen Arbeitslosigkeit zu lösen.

Wie schon gesagt, werden bestimmte Arbeitsformen auch in der Informatik-Gesellschaft bestehen bleiben. Wir haben entsprechende Beispiele aufgezählt und gefolgert, daß – unter Berücksichtigung der verringerten obligatorischen Arbeitszeit – die Mehrheit der Arbeitenden von ihnen erfaßt würde. Einige Arbeitsbereiche – vor allem Wissenschaft und Kunst im weitesten Sinn des Wortes – werden sogar eine machtvolle quantitative Explosion erfahren, unter der Bedingung natürlich, daß der Staat die Entlohnung der hier tätigen Menschen übernimmt. Außerdem werden sich die Bereiche entwickeln (unter derselben Voraussetzung), die gegenwärtig nur *in nuce* existieren, und auch das nur an manchen Orten, also die Institutionen der Sozialfürsorge und der Beratung (die Institution des *social worker*).

Immerhin besteht das offene Problem von Dutzenden und mit dem Fortschritt der Automatisierung vielleicht Hunderten von Millionen Menschen, die beschäftigungslos bleiben werden: die Delinquenten werden aus der schrumpfenden Welt der produktiven Arbeit und der Dienstleistungen stammen. Wenn wir berücksichtigen – ich erinnere an diese Tatsache –, daß es sich dabei, zumindest am Anfang, um junge Leute handelt, bleibt die Gefährdung dieser Menschenmassen durch Sozialpathologie, selbst wenn der Staat die Kosten ihres Unterhalts voll auf sich nehmen sollte, enorm. Daher die Notwendigkeit, völlig neue Beschäftigungsformen für diese Menschen zu finden, die gesellschaftlich akzeptiert wären und infolgedessen denselben Ansporn liefern könnten, der bisher mit der Arbeit verbunden war und die Grundlage für den Sinn des Lebens in der neuen Gesellschaft bilden würde.

Eine universelle und vom gesellschaftlichen Standpunkt äußerst nützliche Form einer solchen Beschäftigung könnte die ständige Fortbildung sein *(continuous education)*, in der das Studium – wir unterstreichen das, um Mißverständnissen vorzubeugen – mit erzieherischer Tätigkeit verbunden wäre.

Die Idee ist sehr alt, sie geht noch auf Plato zurück, der in seiner Utopie der aristokratischen Republik vorsah, daß sich die oberste Schicht – also jene, welche die öffentlichen Angelegenheiten lenkt – bis zum vierzigsten Lebensjahr vervollkommnen (was damals ein fortgeschrittenes Alter war), also ihre Kenntnisse in allen Wissenschaften und Künsten bereichern solle, um dann zur praktischen politischen Tätigkeit überzugehen. Die Absicht war klar; nur reife und gelehrte Männer sollten zum politischen Leben zugelassen werden.

Wir wollen die Idee übernehmen, aber ihre Voraussetzungen abwandeln; es würde sich nicht mehr um eine Elite, sondern um die Allgemeinheit der Bürger handeln; es würde nicht um die Absicherung der Herrschaft der Aristokratie, sondern um die Stabilisierung einer demokratischen Gesellschaft gehen; es handelt sich – und das ist ein ganz neuer Faktor – um eine würdige und zielgerechte Beschäftigung für die strukturell Arbeitslosen, vor allem für junge Menschen.

Wie könnte dieser Prozeß vor sich gehen? Wir wollen uns nicht auf den Versuch einer detaillierten Antwort einlassen; das vermag heute keiner, und ihre Ausarbeitung müßte die Aufgabe von langjährigen Arbeiten in Fachgruppen sein, die sich überhaupt noch nicht damit befaßt haben, während die internationale Institution, die sich *ex officio* dieser Aufgabe unterziehen sollte, die UNESCO, sie überhaupt ignoriert. Wovon ich noch weiter reden will, ist also nur eine Skizze der Idee, die ein Zeugnis für den realen Charakter des Vorhabens sein sollte. Ausgangspunkt dieser Überlegungen ist die These, daß die ständige Bildung eine gesellschaftliche Pflicht sein wird, so wie es heute die Schulpflicht ist (die Zahl der Pflichtschuljahre unterscheidet sich von einem Land zum anderen). Es geht vor allem darum, daß diese Schulung zu einer effektiven, faktisch eingehaltenen Pflicht wird; gleichzeitig geht es aber auch um die Überwindung einer den Menschen – besonders den erwachsenen Menschen – demoralisierenden Situation, in der er etwas – und es wird das keine Bagatelle sein – von der Gesellschaft erhält, und zwar ohne eine entsprechende Gegenleistung. Das liegt im Fall der Erwerbsarbeit auf der Hand, sollte aber ebenso für deren Ersatz selbstverständlich sein. Andernfalls würde das ganze Konzept der Schaffung einer Ersatzquelle für den Sinn des Lebens zusammenbrechen. Von wem und wie die Erfüllung dieser Pflicht kontrolliert und gefordert werden soll, ist eine andere Frage, die je nach den lokalen Bedingungen gelöst werden muß; es bietet sich an, diese Aufgabe den Organen der örtlichen Selbstverwaltung zu übertragen.

Zweitens ist es selbstverständlich, daß die Menschen der Informatik-Gesellschaft ihre Jugend in normalen Schulen verbringen, die den heutigen ähnlich sind, obwohl mit einem abgeänderten Programm, das die Fortsetzung der Studien nach Abschluß des Schulalters berücksichtigt. Dazu käme noch die didaktische Hilfe von Computern und Automaten mit einem spezialisierten Programm, die erlauben, das Lehrprogramm weitgehend von Gedächtnisarbeit zu entlasten und dafür das Training zum selbständigen Denken weitgehend auszubauen. Die Dauer einer solchen Pflichtschulung wird zweifellos verlängert werden, wobei auf der höheren Stufe die Lehrmethoden sicherlich zugunsten einer größeren Selbständigkeit und einer kontrollierten Selbstbildung (zum Beispiel vom Typ der Dalton-Methode) abgeändert werden könnten.

Drittens wird auch die Periode der spezialisierten Hochschulstudien ähnlich wie heute verlaufen, selbstverständlich mit einem gründlich abgeänderten Studienprogramm und einer eventuellen Verlängerung ihrer Dauer.

Viertens wird vom Abschluß der Mittelschule an jeder Student (also jeder, der sein Studium auf dem Niveau irgend einer Hochschule fortsetzt, ebenso alle, die sich in einem von ihnen gewählten Bereich betätigen, zum Beispiel handwerklich) gleichzeitig, je nach seinen Fähigkeiten und seinem Fachwissen, die Rolle eines Lehrers übernehmen, eines Instrukteurs (zum Beispiel auf sportlichem Gebiet), eines Konsulenten oder Sozialbetreuers usw.; es wird eine Massennachfrage nach dieser Art von Tätigkeit bestehen.

Fünftens werden die Wissenschaftler, Künstler (Maler, Bildhauer, Schriftsteller usw.) und auch andere selbständig Kreative ihre Tätigkeit auf dem von ihnen gewählten Gebiet fortsetzen und durch den Staat entsprechend dem Niveau und den Ergebnissen ihrer schöpferischen Tätigkeit entlohnt werden. (Über die Differenzierung der Entlohnung werden die auf Selbstverwaltung gestützten Verbände der Wissenschaftler, Künstler usw. entscheiden, was wohl die vernünftigste Lösung ist.)

Sechstens werden alle, die keine spezifischen Fähigkeiten oder Neigungen für die Tätigkeit in irgendeiner Richtung des wissenschaftlichen beziehungsweise künstlerischen Schaffens haben, ihr Studium auf einem selbstgewählten Wissensgebiet oder im Bereich praktischer Tätigkeit fortsetzen mit der Möglichkeit, das Profil dieses Studiums aufgrund von Alternativprogrammen zu ändern, die von entsprechenden Fachleuten vorbereitet werden. Lernfreiheit wäre also gewährleistet, wobei entsprechende Beratungszentren zur Verfügung stünden.

Wie wir sehen, handelt es sich um ein riesiges Programm, dessen Ziel nicht minder gigantisch ist: den Typ eines neuen Menschen zu schaffen – den *Homo studiosus*. Zum ersten Mal bietet sich in der menschlichen Geschichte die Möglichkeit, ein solches Vorhaben zu realisieren, wenn auch unter dem Druck der Notwendigkeit. Ohne solche Projekte – oder alternative Unternehmen, die aber nicht weniger tief ins gesellschaftliche Leben eingreifen müßten – werden die Menschen die neue Situation nicht bewältigen.

Es liegt auf der Hand, daß dieser *Homo studiosus* die uralten Träume der großen Humanisten realisieren würde, die einen neuen Typ des universellen Menschen, eben diesen *Homo universalis*, schaffen wollten.

Der universelle Mensch, der allseitig gebildete, also zur Berufsänderung und damit auch zur Änderung seiner Stellung in der gesellschaftlichen Arbeitsteilung fähige Mensch, war bisher nur eine Utopie; heute beginnt er reale Gestalt anzunehmen. In einem gewissen Sinn wird er zur Notwendigkeit. Der Realisierung dieses Ideals werden sowohl die ständige Bildung wie die immer effizienteren Techniken der Informatik dienen. Sie werden auch die Realisierung zweier ebenfalls alten Postulate ermöglichen, die bisher in den Bereich der Utopie gehörten und deswegen die Entstehung des universellen Menschen hemmten: die Überwindung der Unterschiede zwischen körperlicher und geistiger Arbeit und der Unterschiede zwischen Arbeit in der Stadt und Arbeit auf dem Lande.

Insofern es sich um das erste Postulat handelt, so wird es gewissermaßen nebenbei durch die Aufhebung der körperlichen Arbeit infolge der Anwendung von Automaten und Robotern erledigt werden. In den hochindustrialisierten Ländern ist das ein unvermeidlicher Prozeß, der sowohl rasch wie auch unumkehrbar ist. Die Wissenschaft wird zur fundamentalen Produktionskraft, während in der Produktion selbst außer Automaten Ingenieure und Techniker tätig sein werden. Infolgedessen wird mit dem Absterben der körperlichen Arbeit in der Produktion auch der Unterschied zwischen der körperlichen und geistigen Arbeit verschwinden. Damit wird aber auch die Arbeiterklasse absterben, was den politischen Bewegungen nicht wenig Kopfschmerzen bereiten wird, die auch in dieser Situation in doktrinärer Weise ihre Position als Partei der Arbeiterklasse konservieren wollen. Ich verstehe, daß es sich hier um schockierende Dinge handelt, die auf beiden Seiten der heutigen politischen Barrikaden Herzklopfen verursachen. Aber so sieht die Wahrheit nun einmal aus, und man wird sich an die neue Situation gewöhnen müssen, in der die körperliche Arbeit – ich wiederhole, wir sprechen hier immer von den hochindustrialisierten Ländern, unabhängig von ihrer Gesellschaftsordnung – zu einer Art Hobby werden wird, das sicherlich von den Ärzten empfohlen, aber als ökonomisch-soziales Phänomen absterben wird. Darin besteht unter anderem die elementare Bedeutung der gegenwärtigen industriellen Revolution.

Komplizierter ist die Frage des Unterschieds zwischen der Stadt- und Landarbeit. Das Verschwinden dieses Unterschieds könnte man heute nur im Stil der *Science fiction* projektieren. Der Ackerbau, die Viehzucht in allen ihren Formen sowie im übrigen unter anderem auch das Forstwesen und die Fischerei werden trotz aller Vervollkommnung immer noch menschliche Arbeit erfordern. Sie wird auch in der Stadt nicht endgültig verschwinden, es wird aber in dieser Hinsicht zumindest einen quantitativen Unterschied geben. Selbstverständlich wird die Entwicklung des Transports und die Vervollkommnung der Informationsmittel in den Industrieländern die Isolierung des Dorfs und der dort wohnenden Menschen aufheben; die Entwicklung der Produktion kann das Leben auf dem Lande mit allem Komfort ausstatten, in mancher Hinsicht sogar attraktiver als das Leben in der Stadt, was zweifellos auch die Urbanistik der Zukunft beeinflussen wird. Immerhin wird aber ein Unterschied im Lebensstil zurückbleiben, so wie noch für längere Zeit sich der Unterschied zwischen der Arbeit auf dem Lande und in der Stadt erhalten wird.

Das ändert nichts an der Tatsache, daß auch hier – vielleicht in einer etwas entfernteren Zukunft – die ständige Bildung und ihre Folgen wirken werden. Es wird also ein bestimmter Unterschied bestehen, was nicht bedeutet, daß der Weg zum universellen Menschen versperrt sein wird, zumal die sich wandelnden Interessen und Fachrichtungen im Leben wahrscheinlich vieler Menschen ebenfalls eine Umstellung vom städtischen auf das dörfliche Milieu und umgekehrt verursachen werden.

Wir wollen noch einmal zum Abschluß dieser Erwägungen hinzufügen, was schon früher gesagt wurde, daß wir uns mit allen diesen Fragen in »Zeitnot« befinden wie Schachspieler, die einen Zug ausführen müssen, aber noch nicht wissen, mit welcher Figur und wie. Alles was wir vorhin besprochen haben, erfordert gewaltige Vorbereitungen und Reflexionen, die überhaupt noch nicht in Angriff genommen sind. Wir haben nur noch wenig Zeit zur Verfügung. Vergessen wir nicht, daß die heute geborenen Kinder gerade erwachsen sein werden, wenn die neue Epoche sich schon voll entfaltet hat – und damit auch ihre gesellschaftlichen Folgen. Das bedeutet, daß diese Kinder in dem Alter, in dem man normalerweise die selbständige Arbeit beginnt, sich in einer Situation befinden werden, in der die meisten Wege traditioneller Arbeit blockiert sind. Die Zeit drängt, wenn wir es nicht zum Entstehen einer gesellschaftlichen Pathologie kommen lassen wollen. Tatsache ist, daß eine erhöhte gesellschaftliche Aktivität gewöhnlich erst dann beginnt, wenn sich das Übel schon deutlich zu erkennen gibt. Doch das bringt unvermeidlich Schaden mit sich. Wird sich die Gesellschaft also dazu durchringen, prophylaktische Tätigkeiten noch rechtzeitig in Gang zu setzen?

IX. Der Mensch auf der Suche nach einem Lebensstil

Homo laborans – Homo ludens

Die zweite industrielle Revolution wird also, wie ausführlich dargelegt, Veränderungen mit sich bringen, die sich nicht nur auf allgemein-gesellschaftlicher Ebene abspielen werden, sondern auch das Leben des Individuums beeinflussen in seiner, wie das häufig in der Literatur bezeichnet wird, *condition humaine.* Wenn man von diesen Dingen spricht, zum Beispiel vom Sinn des Lebens, kann man sich des Zweifels nicht erwehren, ob wir dem angenommenen Prinzip auch treu bleiben, nur im Geist einer »realistischen Futurologie« zu schreiben, das heißt nicht auf Spekulationen vom Typ der *science fiction* zu verfallen. Dabei drängt sich die Grundsatzfrage auf: Kann man über diese Dinge überhaupt etwas *wissen,* verleiht man nicht nur den eigenen Wünschen und Vorlieben Ausdruck? Diese Frage muß beantwortet werden, umso dringlicher, da wir beabsichtigen, uns in derselben Richtung weiterzubewegen und Probleme aufzugreifen, die noch tiefer in die menschliche Psyche eindringen und ihre eventuellen Veränderungen als Folge der Informatik-Revolution erfassen sollen.

Die Antwort auf die oben gestellte Frage klingt beruhigend: Man kann »nüchtern« und realistisch über diese Probleme reden und sie deduktiv behandeln, wenn man von der Kenntnis des Trends der Entwicklung von Technik und Gesellschaft ausgeht und sich gleichzeitig auf die Erkenntnisse aus dem Bereich der Sozialpsychologie stützt. Selbstverständlich können auch in diesem Fall nur Hypothesen formuliert werden, kann man nur Alternativlösungen voraussehen. Aber gerade so lautet ja das von uns angenommene Programm: die Probleme fixieren – das ist das Wichtigste –, während Lösungsversuche schon mit

Rücksicht auf die Anzahl der in Frage kommenden Variablen auf Alternativ-Hypothesen beschränkt werden müssen. Mit einer solchen Methode als Rüstzeug wollen wir jetzt zwei weitere Probleme aus dem uns interessierenden Fragenkreis betrachten: das neue Arbeitsethos und den neuen Lebensstil des Individuums.

Die Automatisierung und Robotisierung werden eine strukturelle Massenarbeitslosigkeit bewirken – wovon schon vielmals die Rede war – und in ihrem Gefolge unermeßliche Veränderungen auf dem Gebiet der traditionellen Arbeit des Menschen herbeiführen. Diese Veränderungen werden sich nicht nur auf eine neue gesellschaftliche Form der Arbeit, die weitgehend durch Beschäftigung ersetzt wird, beschränken (diesen gesellschaftlichen Aspekt des Problems haben wir schon besprochen), sondern werden ebenfalls eine neue Einstellung der Menschen zur Arbeit nach sich ziehen, werden ihre Bewertung und ihren Platz in dem vom Individuum internalisierten Wertsystem wandeln, anders gesagt: diese Veränderungen werden ein neues Arbeitsethos schaffen. Das Problem ist von größter Wichtigkeit, wenn man die Veränderungen richtig erfassen will, denen das menschliche Individuum unter den neuen gesellschaftlichen Bedingungen unterliegen wird.

Seinen besten Ausdruck hat das Arbeitsethos in der Neuzeit (und in den Gesellschaften des europäischen Kulturkreises und den ihnen »verwandten«) im Protestantismus gefunden. Ausgezeichnete Studien zu dieser Frage finden wir vor allem in der deutschen Soziologie (Max Weber). Sie untersuchen aber das Problem vor allem von der Seite des protestantischen Einflusses auf die Entwicklung des Kapitalismus. Mich interessiert dagegen die gegenläufige Verbindung: wie sich die gesellschaftlichen Anforderungen der Entwicklung des Kapitalismus in der Doktrin des Protestantismus widerspiegeln. Die entsprechenden Richtlinien bilden das strenge Arbeitsethos des uns interessierenden Zeitraums: Fleiß, Sparsamkeit, ein damit verbundenes einfaches Leben und Puritanismus. Das ist ein bestimmtes Syndrom von Empfehlungen, das den Bedürfnissen der sich entwickelnden bürgerlichen

Welt mit ihrem Streben nach Akkumulation des Kapitals entspricht. Die Ausstattung dieses Syndroms mit den Gewändern einer spezifischen Ethik und seine Verknüpfung mit der Religion verleiht ihm eine besondere Effektivität, wenn es sich um seinen gesellschaftlichen Einfluß handelt. Auf diese Weise wird ein spezifisches Arbeitsethos konstituiert, das in einer vielleicht weniger rigorosen Gestalt (ohne das religiöse Charisma) auch derzeit und außerhalb der protestantischen Länder vorherrschend ist.

Nun vollziehen sich aber auch auf diesem Gebiet unter dem Einfluß der zweiten industriellen Revolution höchst bedeutsame Veränderungen. Die unermeßliche Bereicherung der Menschen der Informatik-Gesellschaft, die zunehmende Effektivität der automatisierten Produktion, die relative Leichtigkeit, mit der die lebensnotwendigen materiellen Mittel errungen werden können – alles das wird zweifellos zu einer Lockerung der rigorosen Richtlinien des Protestantismus führen, die in dem einen oder anderen Maße in das Arbeitsethos der modernen Zeit eingegangen sind. Sie werden einfach gesellschaftlich nicht mehr nötig sein, was seine Widerspiegelung in einem veränderten Lebensstil der Menschen finden wird. Aber darauf werden wir später zurückkommen.

Natürlich sprechen wir hier von technisch und industriell hochentwickelten Gesellschaften, also von reichen Gesellschaften. Sie werden, wie wir wissen, durch die strukturelle Arbeitslosigkeit ökonomisch stark belastet sein, werden aber damit leicht fertig werden, wenn auch nicht ohne soziale Reibereien, von denen schon die Rede war. Sie werden, wie wir wissen, auch ein viel schwierigeres Problem zu lösen haben: die Rettung der Länder der Dritten Welt vor der sie bedrohenden Katastrophe. Doch wird das ihre Entwicklung nicht aufhalten (man muß dies offen aussprechen, selbst auf die Gefahr hin, des Zynismus bezichtigt zu werden), denn auf Grund der bisherigen Erfahrung kann man kaum annehmen, daß sie sich allzu intensiv mit dieser Aufgabe belasten werden.

Der Mensch, der nicht oder – im Vergleich mit dem heutigen Stand – wenig arbeiten wird, gleichzeitig aber über einen größeren Reichtum verfügt und seine verschiedenartigen Bedürfnisse leichter befriedigen kann, muß selbstverständlich eine andere Einstellung zur Arbeit haben: sowohl in dem Sinn, daß er sie nicht mehr als Last, sondern – im Gegenteil – als Annehmlichkeit empfindet, aber auch im Sinn einer veränderten Einstellung zur Pflicht der Arbeit aus traditionell protestantischer Sicht. Wir wollen auch nicht vergessen, daß nicht nur die verkürzte Arbeitszeit einen wesentlichen Einfluß in dieser Richtung ausüben wird (oder die Zeit, die für die verschiedenen Arbeitsäquivalente in Form von verschiedenen Beschäftigungsarten verausgabt wird), sondern auch ihr veränderter Charakter, und vielleicht wird gerade das in dieser Beziehung die wichtigste Rolle spielen.

Es geht darum, daß die vom mosaischen Jehova gekennzeichnete Art von Arbeit verschwinden wird: die schwere körperliche oder durch Monotonie abstumpfende geistige Arbeit. Diese Art Arbeit, sei sie körperlich oder geistig, werden die Automaten und Roboter übernehmen und den Menschen davon befreien. Das was bleiben wird, werden *schöpferische* Beschäftigungen sein (selbst wenn sie die Form der Arbeit beibehalten werden); mit diesem Wort bezeichne ich hier nicht nur die Schaffung von wissenschaftlichen oder künstlerischen Werken, sondern jede menschliche Tätigkeit, in der der Intellekt eine Rolle spielt. Schöpferische Tätigkeit übt demnach nicht nur der Gelehrte aus, wenn er an einem wissenschaftlichen Werk arbeitet, nicht nur der Künstler, der ein Gemälde malt, der Bildhauer, der seinen Marmor bearbeitet, der Musiker, der komponiert oder ein Musikwerk aufführt, der Schauspieler oder Tänzer auf der Bühne usw., sondern ebenso der Wirtschaftsplaner, der Maschinenbauer, der Erzieher der Kinder, der Lehrer der Erwachsenen, der Sozialbetreuer und Berater usw. Man kann ohne weiteres bemerken, daß alles, was von der heutigen Arbeit übrig bleiben oder die neue Gestalt verschiedenartiger Beschäftigungen annehmen wird, eben einen solchen Charakter tragen muß: den Charakter schöpferischer Beschäftigung. Das ist keine Utopie und keine Idealisierung der Zukunft, vielmehr eine logische Konsequenz daraus, was wir mit Sicherheit über diese Zukunft im Bereich des Arbeitsethos wissen können und was auf ihren technisch-ökonomischen Grundlagen basiert. Und wenn es auch vorerst wie eine leere Versprechung klingt, so muß es doch gesagt werden: daß in dieser Zukunftsgesellschaft die Beschäftigung (Arbeit) für die Menschen eine Quelle der Zufriedenheit und der Freude sein wird. Ich wiederhole: deswegen, weil sich ihr Charakter wandeln und weil sie ein Gut sein wird, dessen Knappheit sie unter anderen Gütern auszeichnen und erstrebenswert machen wird.

Es leuchtet auch ohne weiteres ein, daß die angeführten Elemente eines neuen Arbeitsethos ebenfalls den Lebensstil des menschlichen Individuums in der Informatik-Gesellschaft prägen werden.

Unter »Lebensstil« verstehe ich hier die Art und Weise, wie der Mensch seine Zeit im Rahmen der Grundeinteilung in Arbeits- und Freizeit verbringen wird, das heißt, wie sich das Verhältnis im Rahmen der gesamten Zeit zwischen diesen beiden Teilen gestaltet und welcher Inhalt jeden von diesen Teilen füllt. Ganz allgemein läßt sich mit großer Wahrscheinlichkeit sagen, daß angesichts der verkürzten Zeit der Arbeits- beziehungsweise Beschäftigungspflicht, deren Ursachen wir kennen, und dank dem mehrfach größeren Reichtum dieser Gesellschaft der Lebensstil sich wandeln wird, erstens als Folge der verlängerten Freizeit und zweitens dank der Verfügung über die nötigen materiellen Mittel, um diese Freizeit inhaltlich reicher zu gestalten, was sich auf alle Bürger beziehen und folglich auch die Unterschiede zwischen den Extremen der Bevölkerung nivellieren wird.

Das Problem des zunehmenden »Drucks« der Freizeit, sowohl im Zeitraum eines Tages wie des ganzen Jahres (stark verlängerte Freizeit), wird sicherlich den Hauptfaktor eines veränderten Lebensstils bilden. Unter der Voraussetzung, daß die Menschen über weit größere materielle Mittel verfügen werden als heute, daß sie sich perfekterer Beförderungsmittel bedienen können – privater wie auch öffentlicher –, ist es klar, daß sie ihre Freizeit mit mehr Phantasie und Schwung nützen werden, als das heute möglich ist. Allerdings wird ein Problem zu lösen sein; man wird diesen Menschen beibringen müssen, wie sie ihre Freizeit vernünftig und, wie gesagt, mit Phantasie verbringen sollen. Heute verstehen das – ob immer? – die Reichen. Wir werden es aber mit einem *boom* des gesellschaftlichen Aufstiegs in dieser Beziehung zu tun haben, und die entsprechenden Menschenmassen werden nicht über eine solche Vorbereitung verfügen können. Wir wissen erfahrungsgemäß, daß in solchen Situationen die Gefahr droht, daß die Freizeit zur Langeweile degeneriert, zur primitiv totgeschlagenen Zeit. Folgen sind – besonders wenn es sich um junge Menschen handelt – Alkohol, Drogen, »Krawall«, ja selbst Gewalt und Verbrechen.

Man wird die Menschen, und besonders die jungen, anhand von Vorbildern erziehen, wird an ihren Ehrgeiz und Wettbewerbseifer appellieren müssen, verschiedene Sportarten, Touristik sowie die vielfältigsten Hobby-Beschäftigungen zu betreiben. Das muß propagiert werden, man muß für die wertvollsten Methoden der Freizeitbeschäftigung werben, natürlich ohne jeglichen Druck, aber durch Propaganda im besten Sinn des Wortes – besonders wenn es sich um Touristik handelt, auch um Auslandsreisen, die ein ungemein wichtiges Element der Kulturentwicklung bilden und die infolge des Kontakts mit anderen Kulturmustern zur Heranbildung jenes universellen Menschen beitragen, von dem zuvor die Rede war.

Wir haben zwar unsere Betrachtungen über den Lebensstil des Menschen der Informatik-Gesellschaft mit den Veränderungen im Bereich der Freizeit begonnen, man sollte aber nicht etwa meinen – besonders wenn man an die strukturelle Arbeitslosigkeit denkt –, daß es sich um irgendein Schlaraffenland handeln wird, in dem der beschäftigungslose Mensch nichts anderes im Sinn hat als das Ausfüllen seiner Freizeit. Das würde auf eine »Freizeitverschmutzung« hinauslaufen, die – wie wir schon sagten – den Menschen zerstören müßte, indem sie ihm den Sinn des Lebens raubt. So wird es also nicht sein; der Mensch wird sich vielmehr weiterhin bemühen, wird irgendeine Arbeit beziehungsweise eine sie ersetzende Beschäftigung ausführen, obwohl die dafür vorgesehene Zeit spürbar kürzer sein wird. Wir wollen auch nicht vergessen, daß dies im Prinzip eine schöpferische Arbeit (Beschäftigung) sein wird. Sie wird in dieser Situation zur Quelle der Lebensfreude werden. Mehr noch: die Grenze zwischen der Arbeit und der Freizeit wird – so gesehen – verwischen, dies um so stärker, da der Mensch in vielen Fällen einen Teil seiner Freizeit für die Verlängerung seiner (schöpferischen) Tätigkeit nutzen wird. Das läßt sich mit großer Wahrscheinlichkeit voraussehen, wenn man von den Erkenntnissen der Psychologie ausgeht.

Die Informatik-Gesellschaft verspricht uns also nicht nur einen neuen Lebensstil des Menschen, sondern auch ein im Sinn der Selbstverwirklichung des Individuums erfüllteres Leben sowie, berücksichtigt man noch die materielle Sicherheit, ein glücklicheres Leben. Wir sprechen hier natürlich von einer *Möglichkeit*, denn niemand kann das Glück einer anderen Person gewährleisten. In dieser Situation ist der Mensch sicherlich der Schmied seines eigenen Glücks; er wird zum *Homo autocreator.* Unsere Kenntnis des Menschen läßt uns aber auch mit Sicherheit voraussehen, daß selbst unter den günstigsten Bedingungen und den besten objektiven Umständen immer noch der eine oder andere sein wird, der sich Gründe suchen wird, um sich unglücklich und vom Leben unbefriedigt zu fühlen. Man kann nicht allen Gesundheit, Liebeserfolg und Befriedigung des Ehrgeizes gewährleisten. Es wird also auch unter diesen neuen Bedingungen sicher unglückliche Menschen geben. Darum geht es aber nicht, sondern gerade um die Schaffung der *Möglichkeit* eines glücklicheren Lebens im Massenmaßstab. Das wird die Informatik-Gesellschaft den Menschen sicher geben, und darin besteht die Grundlage einer optimistischen Perspektive, wenn es sich um den gewandelten Lebensstil der Menschen handelt.

Mit diesen neuen Bedingungen sind ebenfalls gewisse spezifische Veränderungen verbunden, die eine eigene Besprechung verdienen. Unter den verschiedenen möglichen wähle ich zwei Fragen aus, die mir besonders wichtig erscheinen: die gesellschaftliche Situation der Frau und die Situation der Jugend.

Der Lebensstil des Menschen läßt sich, selbstverständlich, nicht allein auf das Arbeitsethos oder die Frage der Quantität und Qualität der Freizeit reduzieren; er hängt auch mit der Form jener gesellschaftlichen Organisation, in der er sein tägliches Leben verbringt, zusammen: mit der Familie. Es klingt wie eine Binsenwahrheit, wenn man sagt, daß die Familie die Grundlage des gesellschaftlichen Lebens bildet. Doch hinter dieser scheinbaren Binsenwahrheit steckt ein wichtiges Element dessen, was wir als Qualität des Lebens bezeichnen und derzeit mit verschiedenartigsten Inhalten füllen. Wenn man heute über die gesellschaftlichen Folgen der zweiten industriellen Revolution spricht, übergeht man üblicherweise ihren Einfluß auf die Familie; an erster Stelle sieht man die gesellschaftlichen Anliegen im Makromaßstab. Aber die Familie, obwohl sie scheinbar nicht dazugehört, hat zweifellos auch einen bestimmten »Makro«-Charakter, was schon daraus folgt, daß sie mit ihren Problemen alle Mitglieder der Gesellschaft erfaßt. Und die Familie wird unter dem Einfluß der gegenwärtigen industriellen Revolution weitgehenden Veränderungen unterliegen.

Wir wollen mit der Situation der Frau beginnen. Die Frauen machen normalerweise die Mehrheit der Gesellschaft aus, und zweifellos hängt von der Situation der Frau die konkrete Gestalt der traditionell patriarchalischen Familie ab. Diese Situation ändert sich heute vor unseren Augen in beschleunigtem Tempo, und als Folge der heutigen industriellen Revolution nimmt diese Bewegung noch an Tempo zu. Warum?

Wenn man den Sinn der modernen feministischen Bewegungen analysieren will und dabei von den in einer solchen Situation verständlichen Extremismen und Absonderlichkeiten absieht, so zeichnet sich ihr Zusammenhang mit der fortschreitenden Verselbständigung der finanziellen Situation der Frauen ganz klar ab. Die berufstätige Frau – oder auch die, die arbeiten könnte, doch aus irgendwelchen konkreten Gründen ihren Beruf nicht ausübt – wird in der Familie immer mehr zum gleichberechtigten Partner des Mannes. Und das ist der Kern der Frage. Dieser Trend wird durch die Entwicklung der gesellschaftlichen Implikationen der gegenwärtigen industriellen Revolution noch verstärkt werden. Die Frau wird – nicht in Worten, sondern in der Tat – dieselben Bildungsmöglichkeiten und denselben Unterhalt auf Kosten der Gesellschaft haben wie der Mann. Das betrifft vor allem junge Menschen, die diese Gelegenheit ohne Zaudern ergreifen werden. Und damit wird die Frau *faktisch* – ohne große Worte, Propaganda und Frauenbewegungen – zum gleichberechtigten Partner.

Sie wird diese Möglichkeit zweifellos nutzen. In einer solchen Situation wird das alte Familienmodell allerdings zusammenbrechen, jedenfalls die jahrhundertealte Abhängigkeit der Frau vom Familienoberhaupt; sie wird gleichberechtigt an die Spitze der Familie treten. Dazu werden noch verschiedene Konzepte eines neuen Familientyps kommen – zum Beispiel die »Großfamilie«, von der schon die Rede war. Es kommt auch noch die sexuelle Freiheit der Frau hinzu, die unter anderem mit der Vervollkommnung der Empfängnisverhütung verbunden ist, die materielle Unabhängigkeit und die Erleichterung der Haushaltsführung durch Anwendung von Automaten. Und vielleicht wird das die tiefgreifendste, weitreichendste Revolution im individuellen, aber als Folge auch im gesellschaftlichen Leben der Menschen sein. Das kann den Lebensstil der Menschen grundlegend ändern.

Selbstverständlich werden auch Kräfte wirken, die diese Entwicklung hemmen: Tradition, Kirche, insbesondere die katholische. Aber diesen Prozeß wird nichts aufhalten können. Und es kann sich dann erweisen, daß unter dem Druck des Lebens verschiedene Tabus und Heiligtümer zusammenbrechen, was eine tiefe Krise der Kirche nach sich ziehen kann – nicht des religiösen Glaubens, sondern der Kirche als Institution –, falls sie auf ihren Dogmen bestehen sollte. Es kann sogar dazu kommen, daß die Kirche nicht über den Unglauben der Atheisten stolpert, sondern über die gewandelte *conditio humana* der Frau. Selbstverständlich sind das alles, wie ich schon wiederholt sagte, nur Hypothesen, die sich aber auf starke Voraussetzungen des logischen Denkens stützen. Im übrigen werden die heutigen jungen Leute die Zeit erleben, in der die Praxis des Lebens entscheiden wird; sie werden Zeugen des Geschehens sein.

Das zweite Element des gleichen Prozesses wird der Wandel der gesellschaftlichen Situation der Jugend sein, bewirkt von denselben Ursachen, von denen oben die Rede war.

Die Probleme der »Revolte der Jugend« zeichnen sich seit einer Reihe von Jahren vor allem in den reichen und allerreichsten Ländern ab. Wohl die interessanteste unter diesen Bewegungen war die organisierte Aktion der sogenannten *hippies* in den Vereinigten Staaten: zum großen Teil Jugendliche aus wohlhabenden Häusern, die deren Wohlstand ablehnten und ein asketisches Leben in Gemeinschaften führten, das sich häufig mit der Zugehörigkeit zu irgendeiner exotischen religiösen Sekte, die Meditation empfahl, verband. Ich habe solche Jugendkommunen in Südkalifornien gesehen, deren Appell Liebe und Brüderlichkeit lautete. Eine zutiefst friedliebende Bewegung, anders als die revoltierenden »zornigen« jungen Menschen in Europa und Japan, die Gewalt und Zwang als Ausdruck des Protests gegen die bestehende Gesellschaft propagierten und bis heute propagieren. Schade, daß trotz der großen Anzahl von Publikationen, die diesen Bewegungen gewidmet sind, sie bisher noch keiner ernsten, in die Tiefe des Problems eindringenden soziologischen und psychologischen Analyse gewürdigt worden sind – schade um so mehr, als sie nur einen Vorgeschmack dessen darstellen, was uns auf diesem Gebiet in einer nicht allzu fernen Zukunft blüht.

Wir haben schon darüber gesprochen: wenn eine Welle struktureller Arbeitslosigkeit kommt und wir schon in der allernächsten Zukunft keine vorbeugenden Maßnahmen ergreifen, kann man auf eine in ihren Ausmaßen noch nicht dagewesene Sozialpathologie gerade im jugendlichen Milieu gefaßt sein. Ihr Ausdruck wird die Revolte sein – selbst wenn die materiellen Bedürfnisse dieser Jugendlichen befriedigt sein sollten –, die nicht in der Form der gutherzigen Bewegung der »Blumenkinder« ihren Ausdruck finden wird, sondern die Gestalt eines zerstörenden, mit Gewalt und körperlichem Zwang vorgehenden Ausbruchs vom Typ der Rockerbanden beziehungsweise des organisierten Terrors annehmen kann, der sich auf ultralinke oder neofaschistische Ideologien stützen würde, so wie wir sie aus den Erfahrungen der letzten Jahre, besonders in der Bundesrepublik und in Italien, kennen. Das ist eine extreme Möglichkeit, zu der noch Drogensucht und Alkoholismus treten können. Und auch das kennen wir ja schon aus der Praxis.

Am interessantesten ist jedoch die Tatsache, daß selbst, falls die Gesellschaft ihre prophylaktischen Aufgaben in dieser Hinsicht mustergültig erfüllen sollte – eine Voraussetzung, die man als übertrieben optimistisch ansehen kann, wenn man den derzeitigen notorischen Mangel an Enthusiasmus auf diesem Gebiet berücksichtigt –, daß selbst dann enorme Probleme entstehen werden, welche die Grundlagen der Tradition erschüttern und damit zur Änderung des heute noch vorherrschenden Lebensstils des Individuums beitragen werden.

So wie mit der Frau verhielt es sich auch mit der Situation der Jugend im Rahmen des traditionellen Modells der paternalistischen Familie, vor allem auf Grund der natürlichen Abhängigkeit der Kinder von den Eltern. Selbstverständlich war alles vom Gewand der traditionsgeheiligten Verhaltensnormen verbrämt, wozu noch die Religion, der ideologische Einfluß der Erziehung in der Familie und in der Schule trat. Aber Garant des Gehorsams der Jugendlichen, vor allem der Mädchen, die in aller Stille revoltierten und oftmals mit den Zähnen knirschten, war die materielle Abhängigkeit während der Zeit, in der man noch nicht auf eigenen Füßen stand oder auf eine Erbschaft wartete. Das klingt zynisch, und deswegen wurden diese Motive häufig ins Unterbewußtsein verdrängt; nichtsdestoweniger spielten sie ihre Rolle.

Und jetzt kommt es zu einer völlig veränderten Situation, die zur Befreiung der Jugend von dieser Abhängigkeit führt, das heißt, daß sie ihr Leben nach den von ihr präferierten Mustern gestalten und sich an die von ihr akzeptierten Formen des Zusammenlebens halten kann. Das will nicht besagen, daß der Druck der gesellschaftlich akzeptierten Verhaltensnormen verschwinden wird; aber diese Normen werden eine fundamental veränderte Gestalt annehmen. Da aber nicht nur die Jugend sich dessen bewußt sein wird, sondern auch die älteren Generationen, die Eltern, wird das – auf dem Wege friedlichen Wandels – zu neuen Beziehungen zwischen den Generationen führen und damit auch zu einem grundlegenden Wandel des Lebensstils des Individuums im gesamtgesellschaftlichen Maßstab.

Wir haben somit einen reichen Fächer von Änderungen zusammengestellt, aus denen sich das neue Modell des Lebensstils herausbilden wird, das neue Arbeitsethos, die neue Qualität des Lebens im Zusammenhang mit der Verlängerung und einer andersartigen Nutzung der Freizeit, Wandel in den zwischenmenschlichen Beziehungen innerhalb der Familie, deren Ausdruck unter anderem die neue gesellschaftliche Position der Frau und der Jugend ist. Insgesamt betrachtet, ist dieser revolutionäre Wandel des Lebensstils radikal.

Als Schlußfolgerung aus dem, was oben gesagt wurde, und um gewissermaßen den I-Punkt auf das uns interessierende I zu setzen, kann man – meiner Ansicht nach – feststellen, daß aus diesem gewandelten Lebensstil des Individuums die Gestalt eines neuen Menschen, des »Spielenden Menschen«, hervorgeht: der *Homo ludens*. *Homo universalis* und *Homo ludens* – das sind die beiden bedeutsamen Antlitze des Menschen der neuen Epoche, die aus der gegenwärtigen industriellen Revolution hervorgeht.

Die Gestalt des *Homo ludens* ist uns aus der einschlägigen anthropologischen Literatur gut bekannt. Diesen Hang zum Spiel kann man ohne weiteres im Leben des Menschen entdecken – von seiner Kindheit an bis zur Reife, von der primitiven bis zur höchstentwickelten Gesellschaft. Die Formen dieser menschlichen Tätigkeit ändern sich, sie nimmt manchmal – besonders auf der Stufe der primitiven Gesellschaft – sakrale Formen an, aber sie bleibt untrennbar mit der menschlichen Existenz verbunden, mit der *conditio humana*. Sie ist ein für das normale Leben des Menschen wichtiges *Bedürfnis:* als Tun in der Arbeitspause, als Rituale des religiösen Lebens in der Form von Tanz, Gesang, Schauspielen symbolischen Charakters, als Form des Kulturlebens: als Musik, Theater, Tanz usw. Man kann diese Tätigkeit in verschiedener Weise interpretieren – als Ausdruck bestimmter Emotionen, als Externalisierung bestimmter Lebensfunktionen, als Imitation und Ergänzung bestimmter, für das menschliche Leben wichtiger Beschäftigungen –: das Spiel begleitet den Menschen auf allen Wegen seines Lebens. Es ist Ausdruck seiner Lebensfülle, seiner Freude und seines Schmerzes, die der Mensch spontan oder, auf einer höheren Entwicklungsstufe seiner Kultur, in stilisierter Weise ausdrückt.

So war es immer, so wird es weiterhin sein: doch anders. Und deswegen verdient es gerade unsere besondere Aufmerksamkeit. Der Mensch, der von der Mühe der Arbeit befreit ist, der Mensch, der über eine bisher unvorstellbare Menge von Freizeit verfügt, der Mensch, der bisher unerreichbare Gipfel der Kultur erklimmt, braucht dieses Element des Spiels – in einer oftmals sublimierten und manchmal völlig neuen Gestalt – als Bestandteil seines Lebens. Man kann sagen, daß es schon immer so war. Das stimmt. Doch gegenwärtig erfährt dieses Bedürfnis nicht nur quantitative, sondern auch qualitative Veränderungen. Das ist ein Pendant zum eintretenden Wandel der *Qualität* des menschlichen Lebens. Die neue Epoche läßt den Menschen gleichzeitig als *Homo universalis* und als *Homo ludens* erscheinen. Und gerade diese Einheit ist Ausdruck der neuen *conditio humana,* welche die neue Epoche mit sich bringt.

X. Der Mensch auf der Suche nach einem Wertsystem

Wenn wir als Ausgangspunkt der folgenden Überlegungen die Perspektive des menschlichen Individuums annehmen und uns in diesem Zusammenhang die Frage stellen, welches die Zentralfrage seiner Beziehungen zu anderen Menschen und zur Gesellschaft im ganzen ist, wird die Antwort lauten: Dieses Problem findet in einem vom Individuum internalisierten Wertsystem seinen Ausdruck.

Sofort drängen sich zahlreiche philosophische Fragen aus dem Bereich der Axiologie auf: Was ist der Wert? Welches ist seine Genese? Haben Werte absoluten oder relativen Charakter? Alles das sind wichtige Fragen, wenn man den Sinn einer Aussage zum Thema des vom Individuum internalisierten Wertsystems verstehen will. Wir wollen sie jedoch unbeantwortet lassen, ganz einfach deswegen, weil es keine eindeutige Antwort auf diese Frage gibt, da die Antwort immer vom philosophischen Hintergrund abhängt, auf den man sich bei ihrer Formulierung stützt, und weil sie deswegen je nach dem akzeptierten System variiert. Wir wollen also diese Probleme aus unserem Interessenbereich ausklammern und uns auf die Konstatierung der empirisch nachprüfbaren Tatsache beschränken, daß das vom Individuum akzeptierte Wertsystem einen übermächtigen Einfluß auf seine gesellschaftlichen Beziehungen ausübt.

Vor allen Dingen auf seine soziale Zusammengehörigkeit oder Entfremdung; falls das Individuum die von der öffentlichen Meinung akzeptierten Werte anerkennt, sind seine gesellschaftlichen Bindungen von Dauer, es ist sozial adaptiert; im Gegenfall ist es gegenüber der Gesellschaft entfremdet.

Die vom Individuum akzeptierten Werte entscheiden – oder sind zumindest ein mitentscheidender Faktor – über die Ziele, die es sich in seiner Lebenstätigkeit stellt, sie entscheiden also auch darüber, was wir den Sinn des Lebens nennen.

Als weitere Folge bildet sich aufgrund der Akzeptierung bestimmter Lebensziele das heraus, was wir den gesellschaftlichen Charakter des Menschen genannt haben. Wiederum beeinflußt die Gesellschaft die Gestalt dieses Charakters durch Vermittlung des dem Individuum übertragenen Wertsystems.

Diese besondere Rolle, die das vom Individuum akzeptierte Wertsystem in seinem Leben spielt, der Zusammenhang, der dieses System mit der Auswahl von Hauptrichtungen der menschlichen Tätigkeit verbindet, bewirkt eine verständliche Tendenz zum Konservatismus. Konservatismus ist eine Verteidigungsmethode, die der Mensch anwendet, um seine Persönlichkeit zu schützen. Doch ist das nur eine Seite der Frage; die gesellschaftlichen Bindungen, deren Garant das vom Individuum akzeptierte Wertsystem ist, sind nicht nur die Ursache des Konservatismus im individuellen Leben, sondern gleichzeitig auch seiner Variabilität auf der Ebene der historischen Entwicklung der Gattung, also auch der Individuen, aus denen sich diese Spezies zusammensetzt. Zwischen diesen beiden Aussagen besteht kein Widerspruch, denn jede von ihnen hat ein anderes Subjekt: in einem Fall handelt es sich um das entsprechende Individuum *in concreto*, im anderen Fall um Individuen auf einer anderen Entwicklungsetappe der Gattung Mensch. Das heißt nicht, daß in Perioden des »Sturm und Drangs«, wenn das gesellschaftliche Wertsystem zerbricht und sich verändert, die Position jener konkreten Individuen, die in dieser Periode leben, ebenfalls unverändert bleibt. Auch eine solche Erscheinung kann auftreten, wenn auch nicht konfliktfrei. Wichtiger sind jedoch die Veränderungen, die sich an den folgenden Generationen solcher Individuen feststellen lassen.

Und gerade um diese Frage geht es uns hier. Ohne unsere negative Entscheidung in der Frage der Behandlung von philosophischen Problemen der Axiologie zu ändern, wollen wir die empirische Tatsache feststellen, daß die Werte zeitlich und räumlich veränderlich sind je nach der Gesamtheit der gesellschaftlichen Verhältnisse in einer gegebenen Periode oder Gesellschaft. Und wie wird es gegenwärtig sein, welchen Einfluß wird die zweite industrielle Revolution ausüben?

Bevor wir das beantworten, wollen wir uns noch einmal fragen – wir haben das schon einmal in allgemeiner Weise getan –, ob eine solche Antwort überhaupt möglich ist, ob sich diese Dinge mit einem gewissen Grad von Wahrscheinlichkeit voraussehen lassen? Selbstverständlich kann man das, wenn es sich in diesem Bereich um einen Entwicklungstrend handelt, der mit ökonomischen und gesellschaftspolitischen Veränderungen verbunden ist, die zur selben Zeit stattfinden. Wie schon einige Male wiederholt, handelt es sich um Hypothesen einer besonderen Art. Und zwar sind es Möglichkeiten, deren Verwirklichung immer von der Tätigkeit der Menschen, von der Richtung dieser Tätigkeit abhängt. Daher die Bedeutung der entsprechenden Gestaltung des Bewußtseins der Menschen, ihrer Aufklärung über das Bestehen gewisser Bedürfnisse und über die Möglichkeiten ihrer Befriedigung.

Welchen Wandel kann man demnach auf dem uns interessierenden Gebiet voraussehen?

Vor allen Dingen ist es wahrscheinlich, daß sich die Menschen angesichts des wachsenden gesellschaftlichen Reichtums in den hochindustrialisierten Ländern von den Vorbildern der Konsumgesellschaft abwenden werden. Der Drang nach Konsum und die Möglichkeit, die dementsprechenden Einstellungen zu schüren, ist charakteristisch für »hungrige« Menschen, und nur auf diesem Boden kann der Wettbewerb zwischen zur Schau gestellten Reichtümern sich entfalten, der auch einen zur Schau gestellten Konsum nach sich zieht. Sobald in dieser Hinsicht eine bestimmte Grenze überschritten wird, kommt es zur Übersättigung und einer Richtungsänderung des entsprechenden Trends; der Snobismus findet jetzt seinen Ausdruck nicht im demonstrativen Reichtum, sondern im Ablehnen des Reichtums, das ebenfalls demonstrativen Charakter hat. Psychologisch ist das verständlich: einen solchen Luxus können sich nur »satte« Menschen leisten, die ja schon alles besitzen.

Ich will hier einige Beispiele dafür anführen, die man – oberflächlich gesehen – für eine Kapriole der Extravaganz halten kann, die aber bei intensivierter Betrachtung geradezu als exemplarisch angesehen werden können. Wir wollen mit der oben zitierten Bewegung der Hippies beginnen. In ihrer überwiegenden Mehrheit setzte sich diese Bewegung aus wohlhabenden, ja sogar reichen jungen Leuten zusammen, die das Muster der Konsumgesellschaft ablehnten und manchmal sogar zu asketischen Lebensmodellen übergingen. Aber führt die außergewöhnliche Extravaganz der häufig genannten englischen Aristokraten nicht in dieselbe Richtung, wenn sie stark abgetragene Kleider und Schuhe tragen und so, wie die »Blumenkinder«, das spezifische Muster einer »Anti-Kultur« kreieren?

Zur Entspannung will ich als Kuriosum etwas erzählen, was ich in England selbst erlebt habe. Es war in Oxford, wo ich zu einer Vorlesung eingeladen war. Nach dem Abendessen in einem der ehrwürdigen Colleges luden mich zwei Professoren zum Kaffee in den Klub ein. Es kam zu einem Gespräch, während dessen einer der Professoren mit Widerwillen von seiner Reise in ein Land erzählte, in dem die Menschen es für notwendig halten, sich jedes Jahr ein neues Auto zu kaufen. Meine Gesprächspartner teilten mir sofort mit, daß der eine von ihnen einen Wagen fahre, der aus dem Jahr 1936 stamme – natürlich einen Rolls Royce –, der andere einen nicht weniger »altertümlichen« Bentley. Und jetzt der Clou der Geschichte; mein Gesprächspartner fügt hinzu: »Aber auch bei uns gibt es Leute, die aus Prestigegründen jedes Jahr einen neuen Wagen haben müssen. Wir aber – und er zeigt auf seine Kollegen – haben Autos, die mehr als vierzig Jahre alt sind. Dabei gibt es keinen Zweifel darüber, wer hier wen mit *Sir* anreden muß.« Das ist eine authentische Geschichte, die von etwas weit Grundsächlicherem zeugt als lediglich von Extravaganz. Auch wenn es sich – in unserem Zusammenhang – um die Zukunft handelt.

Man kann nämlich mit großer Wahrscheinlichkeit voraussehen, daß der materielle Reichtum den Charakter eines Werts verlieren wird, der – so wie das in unserer heutigen Gesellschaft der Fall ist – das Ziel der menschlichen Tätigkeit im Massenmaßstab determiniert. Wenn man sowieso alles für das menschliche Leben Notwendige besitzen wird und das auf einem hohen Niveau, wird das Ansammeln von Reichtümern und die Unterordnung des Lebens unter dieses Ziel unnötig und folglich lächerlich werden. Das bedeutet aber, daß die Alternative der menschlichen Einstellung *»Haben«* oder *»Sein«*, die von Humanisten wie Maritain und Fromm aufgestellt wurde, faktisch zugunsten ihres zweiten Glieds entschieden wird, denn »Haben« als Lebensziel verliert seinen Sinn, sobald es im täglichen Leben realisierbar wird, natürlich in einem vernünftigen Ausmaß. Eine solche Situation würde aber einen fundamentalen Wandel im Wertsystem der Menschen bedeuten, was im Fall eines Menschen vom Typ *Homo universalis* und *Homo ludens* verständlich wäre.

Es geht dabei um einen Wandel, der zu bedeutenden Veränderungen in der moralischen und gesellschaftspolitischen Sphäre des menschlichen Lebens führen muß. Im moralischen Bereich eröffnet er ganz natürlich den Weg zu altruistischen und philanthropischen Einstellungen; der beschränkte Egoismus, den man heute so oft antrifft, ist vor allem mit der Furcht vor Entbehrungen verbunden, selbst wenn sie manchmal nur imaginär sein sollten. Im gesellschaftspolitischen Bereich eröffnet dieser Wertwandel den Weg für die abgeleiteten Werte: den Egalitarismus (zu dem auch die Gleichberechtigung der Frau gezählt werden kann) und dem gesellschaftlichen Engagement des Individuums. Es würde nicht schwer fallen, die organische (und auch genetische) Verbindung dieser Werte und der mit ihnen verknüpften Einstellung nachzuweisen. Faktisch haben wir es also mit einer Umstellung des Wertsystems des Menschen in einem positiven Sinn zu tun, wenn wir den am breitesten verstandenen Humanismus als Bezugssystem annehmen. Das ist eine ansprechende Perspektive, wobei wir aber nicht vergessen dürfen: es handelt sich nur um eine Möglichkeit, ihre Verwirklichung ist heute wahrscheinlicher als ehedem; die industrielle Revolution stellt in dieser Hinsicht eine mächtige Antriebskraft dar. Doch in letzter Instanz wird das bewußte Wirken der Menschen über das Ergebnis entscheiden.

Der Primat des »Seins« als eines Wertes (das heißt, daß Wert besitzt, was und wie der Mensch ist) wird weitere Folgeerscheinungen im gesellschaftlichen Wertmaßstab nach sich ziehen, über die wir noch einiges sagen werden. Diese Mutation (es wird sich um eine authentische qualitative Änderung handeln) wird nämlich zur »Nobilitierung« der schöpferischen Arbeit führen und damit gleichzeitig den Status ihrer Träger – der Intellektuellen – heben. Es gibt Länder, in denen schon heute infolge ihrer Traditionen und historischen Schicksale die Intelligenz überhaupt und die Intellektuellen im besonderen (im Sinn der schöpferischen Intelligenz) einen privilegierten, hochgeschätzten gesellschaftlichen Status genießen. Es gibt aber auch andere, in denen man die *egg-heads* eher verächtlich behandelt.

Diese Lage wird sich in allen hochindustrialisierten Ländern entschieden verbessern. Wenn anstelle des »Habens“ jenes »Sein« zum Hauptwert wird, muß auch der gesellschaftliche Status des Individuums vor allem durch seine schöpferischen gesellschaftlichen Funktionen determiniert werden: je bedeutender diese sind, desto höher wird auch der gesellschaftliche Status ihres Vertreters beurteilt werden. Natürlich werden dabei nicht nur Gelehrte oder Künstler im weitesten Sinn des Worts im Spiel sein, sondern auch Menschen, die sich mit Politik, der Organisation des gesellschaftlichen Lebens usw. befassen, also alle jene, deren Tätigkeit einen intellektuell-schöpferischen Charakter hat. Das ist eine Funktion der veränderten Basis des Wertsystems, wobei ihrerseits diese Veränderungen in der Lebensposition der Menschen, in ihrem allgemein anerkannten gesellschaftlichen Status, die Grundlagen des neuen Wertsystems festigen werden. Jene, denen eine solche Verschiebung auf der gesellschaftlichen

Rangleiter zugute kommen wird – und es werden sehr wahrscheinlich viele sein –, kann man sicherlich zu den eifrigen Anhängern des neuen Wertsystems zählen, das eine Bedingung dieser Operation ist.

Die Freiheit als Wert besitzt ihre Funktion in der Rangordnung der gesellschaftlich akzeptierten Werte, die heute eine große Rolle im individuellen Empfinden spielen. Wie weit diese Freiheit im gesellschaftlichen Verständnis reicht und mit welchem Inhalt der Begriff gefüllt wird, hängt von den historisch herausgebildeten Bedürfnissen der Menschen ab. Eine Freiheit, deren Notwendigkeit der Mensch nicht mehr empfindet, hört auf, ein realer Wert zu sein. Der gesellschaftliche Fortschritt beruht unter anderem darauf, daß sich neue Bedürfnisse herausbilden und mit ihnen neue Werte im Empfinden der Menschen in Erscheinung treten. Ein solcher Prozeß wird auf der Grundlage der Veränderungen, welche die gegenwärtige industrielle Revolution in das gesellschaftliche Leben hineinträgt, vor sich gehen. Das bezieht sich insofern auf die Frage der Freiheit als Wert, als die Bedeutung dieses Werts im Empfinden der Menschen verstärkt werden wird. In dieser Richtung wird ihre größere materielle Unabhängigkeit wirken, aber auch das objektive Bedürfnis der Gedankenfreiheit als Vorbedingung für die Entfaltung der Wissenschaft.

Wenn wir die Bedeutung der Wissenschaft als Produktionsmittel berücksichtigen, wird verständlich, daß die Gesellschaft bewußt alles Nötige unternehmen muß, um ihr die besten Entwicklungsbedingungen zu garantieren. Man kann aber – wie schon in einem anderen Zusammenhang festgestellt wurde – die Freiheit nicht nur auf den Bereich der Wissenschaft beschränken, geschweige denn auf einen Teil der Wissenschaft, der unmittelbar mit der Produktion der entsprechenden Instrumente für das Leben der Menschen verbunden ist. Die Freiheit zeichnet sich durch eine Tendenz zur Diffusion aus; das Bedürfnis nach ihr weitet sich auch auf andere Bereiche des menschlichen Lebens aus. Die Freiheit ist also in dieser neuen Zuordnung zum Wertsystem, von der hier die Rede ist, kein neuer

Wert – in diesem Sinn sind aber auch die anderen Werte, von denen oben die Rede war, nicht neu –, sie ist nur ein Wert, dessen Ein- und Auswirkung verstärkt wird. Das ist wichtig, denn gleichzeitig werden Kräfte mitsamt den sie repräsentierenden Werten wirken, die sich nicht nur durch einen anderen, sondern geradezu entgegengesetzten Charakter auszeichnen.

Vor allem wäre hier das Streben nach kollektiven Formen des menschlichen Zuammenlebens anzuführen. An sich ist das ein natürliches Streben, das vor dem Hintergrund der Tendenz zur Isolierung des Individuums und der daraus folgenden Entfremdung, die mit den neuen Formen der menschlichen Tätigkeit in der Informatik-Gesellschaft verbunden sind, vollkommen verständlich wäre. Als natürliche Gegenwirkung gegenüber diesen Entfremdungssituationen sind auch verschiedene Formen von Massenveranstaltungen, von gemeinsamem Erleben zu verstehen, die wir heute ganz besonders im jugendlichen Milieu beobachten können; es war schon früher davon die Rede. Verständlich ist aber auch, daß mit dem Heranwachsen der heutigen Jugend und mit einer Intensivierung der Entfremdungserscheinungen im Leben des Menschen, welche die Ausbreitung der neuen Kommunikations- und Produktionstechniken begleiten wird, dieses Streben nach kollektiven Formen des Zusammenlebens und Erlebens zunehmen wird. Wir wollen noch einmal wiederholen: An sich wäre nichts Negatives daran, es sei denn die gleichzeitig voraussehbare Entwicklung von politischen Kräften und Bewegungen, die diesen Trend zu kollektiven Formen zum Kampf gegen die Demokratie nutzen könnte. Wie wir schon im Zusammenhang mit dem Wandel der politischen Gesellschaftsformen festgestellt haben, kann man sich mit großer Wahrscheinlichkeit auf die Verschärfung des Widerstands der besitzenden Klassen gefaßt machen, selbst in einer Situation ihres Absterbens. Dieser Widerstand wird gegen die vor sich gehenden Veränderungen gerichtet sein. Auf diesem Hintergrund wird der Konflikt zwischen den demokratischen und totalitären Tendenzen in der neuen Gesellschaft verständlich. Die letzteren Tendenzen werden sicherlich von den geschwächten besitzenden Klassen im Kampf gegen die vor sich gehenden Änderungen der gesellschaftlichen Struktur mißbraucht werden. In diesem Kontext kann jene kollektivistische Tendenz, von der wir oben sprachen, als psychologische Basis für totalitäre Tendenzen und die mit ihnen verbundenen antidemokratischen Werte gefährlich werden.

Das muß man wissen, um dieser Gefahr entgegenwirken zu können; nicht etwa indem man den Anti-Entfremdungs-Trend als etwas Negatives ansieht, sondern nur in dem Sinn, daß die positiven Entwicklungstendenzen nicht von totalitären Kräften mißbraucht werden. Das wird nach außen hin in der Form eines Zusammenstoßes verschiedener Werte auftreten, ja sogar ihrer Systeme. Und darum geht es eben: Man sollte sich vollkommen darüber klar sein, daß alles, was in einer nicht allzu entfernten Zukunft auf diesem Gebiet geschehen wird, Konfliktcharakter annehmen kann. Das Verständnis dieser Wahrheit und des Wesens des Konflikts ist eine Bedingung der menschlichen Tätigkeit, die über den Ausgang dieses Zusammenpralls in der einen oder anderen Richtung entscheiden wird. Ein Element dieses Verständnisses ist aber die Klarheit darüber, daß dieser Konflikt sich auch auf die Wertsysteme erstrecken wird und daß seine Lösung vom bewußten Wirken der Menschen abhängt, selbstverständlich unter der Voraussetzung einer Präferenz für eine der sich auseinandersetzenden Seiten. Es erweist sich also, daß selbst der Bereich der Werte nicht »rein« ist, nicht frei von gesellschaftlichen Verknüpfungen und den damit verbundenen Kämpfen.

Im Zusammenhang mit den Wertproblemen bleibt uns noch eine – meiner Ansicht nach – äußerst wichtige Frage zu besprechen, und zwar der religiöse Glaube als Wert in der kommenden Informatik-Gesellschaft. Meiner Ansicht nach wird dieser Wert an Bedeutung zunehmen. Diese Behauptung im Mund eines überzeugten Marxisten ist zweifellos schockierend und verlangt dringend eine Begründung.

Es gibt Vorurteile verschiedener Art: solche, die mit dem

Glauben an übernatürliche Kräfte verbunden sind, auch solche, die eine Folge deduktiver, von bestimmten willkürlich angenommenen Positionen ausgehenden Gedankengänge sind. Zu den letzteren gehört das »Vorurteil« des Rationalismus, das lautet, die Verbreitung der wissenschaftlichen Kenntnisse werde automatisch zum Absterben des religiösen Glaubens führen. Das ist – wie die Erfahrung zeigt – einfach unwahr. Die Quelle des Irrtums steckt in der Überzeugung, daß wissenschaftliche Kenntnisse den ganzen Bereich menschlicher Interessen und Fragen erfassen. Dem ist, selbstverständlich, nicht so, denn die Wissenschaft und die von ihr vermittelten Kenntnisse sind nie absolut; sie haben immer ihre Grenzen, hinter denen der Bereich des Unwissens beginnt – sei es auch nur für eine Übergangszeit, weil ja die Entwicklung der menschlichen Erkenntnis diese Grenzen immer weiter verschiebt. Die wissenschaftliche Wahrheit hat also den Charakter eines endlosen Prozesses, dessen Verlauf an eine Asymptote erinnert und hinter dem sich *immer* ein gewisser »Rest« verbirgt, der dem rigoros wissenschaftlichen Denken nicht zugänglich ist.

Es fällt nicht schwer, die Frage zu beantworten, warum sich die Dinge so verhalten, und gleichzeitig die Anhänger der »absoluten Wahrheit« zu enttäuschen. Solche Ausführungen wären hier jedoch nicht am Platz. Es genügt, die empirische Tatsache festzustellen, daß ein »vollkommenes«, ein »absolutes« Wissen dem Menschen nicht gegeben ist, daß es – außer einigen Tautologien, zu denen die mathematischen Axiome gehören – nicht möglich ist, sich ein solches Wissen in einem Akt anzueignen und daß das nur im unendlichen Entwicklungsprozeß des menschlichen Wissens vorstellbar sein kann. Daraus folgt aber, daß es in jeder Entwicklungsetappe »Lücken« gibt, denen man sich nur durch Fragen, doch nicht durch konkrete Antworten nähern kann.

Ganz abgesehen von derartig formulierten Problemen besteht die Tatsache, daß man sie *wissenschaftlich*, also in verifizierbarer oder falsifizierbarer Weise, überhaupt nicht beantworten kann. Die Neopositivisten wollten solche Probleme aus dem Bereich der Wissenschaft eliminieren, indem sie ihre Untersuchung »verboten« und sie zu Pseudoproblemen erklärten. In der Folge kamen sie praktisch zur Eliminierung der gesamten Philosophie als einem »verbotenen« Bereich (sie bezeichneten das als Metaphysik). Viel wert ist ein solcher Ausweg nicht, denn die Fragen bleiben, und es gibt keine »Verbote«, die den Menschen vom Nachdenken abschrecken könnten, das sich zum Beispiel darauf bezieht, ob ein übernatürliches Wesen existiert, ob es ein Leben nach dem Tode gibt, was Gut und Böse bedeuten usw. Für die Wissenschaft sind das zweifellos Pseudoprobleme; man kann sie nicht strikt wissenschaftlich beantworten. Aber woher die Überzeugung, daß die Wissenschaft alle mit dem menschlichen Leben verbundenen Probleme ausschöpft? Es verhält sich gewiß nicht so, und wir haben ja bereits darauf hingewiesen, daß sie nicht imstande ist, dem Menschen die volle und absolute Wahrheit mitzuteilen – und das auf keiner Etappe ihrer Entwicklung.

Diese »Lücke« öffnet also Überlegungen nach Art des Teilhard de Chardin Tür und Tor; falls die Erkenntnis ein unendlicher Prozeß ist, kann man die Existenz eines Punktes »Omega« annehmen; zwar kann niemand diese Behauptung verifizieren, sie läßt sich aber auch nicht ablehnen: ein typisches »Pseudoproblem« der Positivisten. Wird aber jemand, der glauben will, sich darüber den Kopf zerbrechen?

Das Problem besteht also nur darin, ob es in der neuen Epoche Menschen geben wird, die das Bedürfnis des Glaubens haben werden. Diese Frage kann man ohne weiteres beantworten: sie werden zahlreicher sein als heute. Diese Überzeugung stützt sich auf die Erfahrung, die uns auf Grund von empirischen Untersuchungen auf diesem Bereich lehrt, daß der größte prozentuale Anteil von Gläubigen in einer Population von Wissenschaftlern auf die Vertreter der Natur- und exakten Wissenschaften entfällt, ganz besonders auf die letztere Gruppe. Wieder einmal wird ein bestimmtes »Vorurteil« des Rationalismus umgestoßen, daß nämlich eine tiefere Kenntnis der Natur das

Abgehen von der Religion bewirke – im Gegenteil, denn gerade dieses Wissen zeigt uns, wieviel »Lücken« in der menschlichen Erkenntnis vorhanden sind; das Interesse für die Probleme des Unendlichen in der Mathematik erweckt geradezu eine Neigung zur Mystik, wovon Lebenszeugnisse von Vertretern dieses Forschungsgebiets berichten. Es ist doch wahr: je mehr wir über die Wirklichkeit wissen, desto schärfer zeichnen sich die Horizonte unseres Unwissens auf diesem Gebiet vor uns ab. Jedenfalls kann man mit großer Wahrscheinlichkeit voraussehen, daß sich solche Einstellungen mehren werden, in deren Folge die Menschen dazu neigen, die Grenzen des Unwissens innerhalb der positiven Wissenschaften durch eine neue Dimension abzutragen: durch den religiösen Glauben. Selbstverständlich wird dieser Glaube eher elitär sein, sublimierter; er wird das Gewand des Aberglaubens und bildlicher Vorstellungen, die für die »geistig Kleinen« berechnet sind, abwerfen, aber gerade infolgedessen wird es ein tieferer Glaube sein.

In dieser Richtung werden nicht nur die »Lücken« im positiven Wissen wirken, nicht nur die psychologisch begreifliche »Flucht« von Menschen, die sich im Streßzustand befinden und ihren Trost in der Religion suchen, sondern auch der psychologische Drang nach einer Kompensation der entfremdenden Faktoren in der neuen *conditio humana* der Informatik-Gesellschaft. Diese Faktoren – und wir nehmen an, daß sie zahlreich und von starker Wirkungskraft sein werden – können einen Drang zum »gemeinsamen Leben« hervorrufen. Was kann man sich aber Besseres in dieser Hinsicht vorstellen als Ideale, die sich auf den religiösen Glauben stützen. Wir können das heute am Erfolg religiöser Sekten unter der Jugend beobachten (wovon schon die Rede war), besonders solcher Sekten, die sich auf Meditation stützen. Kann das nicht morgen schon zu einer umfassenderen Erscheinung anwachsen, die auch die Welt der Erwachsenen einbeziehen wird? In den Vereinigten Staaten ist es schon heute so, daß ein ungläubiger Mensch in jener Gesellschaft geradezu unanständig wirkt, als ob unter feierlich gekleideten Menschen auf einem Empfang plötzlich ein splitternackter auftauchen würde. Das alles kann übrigens für die traditionellen Kirchen mit ihrer Liturgie, die keine solchen Möglichkeiten einer Gemeinschaft schaffen, eine bestimmte Gefahr darstellen. Erfolgreich werden wohl eher solche Richtungen sein, die dem Gläubigen das Gefühl einer auf gemeinsamen Erlebnissen, Emotionen oder gemeinsamer Meditation gegründeten Gemeinschaft geben werden.

Wir sind am Ende unserer Überlegungen über die Welt der Werte des Menschen unter den neuen Bedingungen der Informatik-Gesellschaft. Eins unterliegt keinem Zweifel: es wird eine radikal veränderte Welt sein. Ob zum Besseren, wenn wir die humanistischen Werte als Bezugssystem annehmen? Wahrscheinlich ja, wenn die Gesellschaft entsprechend einwirken wird. Wir dürfen nämlich nicht vergessen, daß der Gestalt annehmende *Homo universalis* und *Homo ludens* auch in der Uniform der einen oder anderen totalitären Organisation auftreten kann. Die Informatik-Gesellschaft garantiert nicht automatisch das Paradies. Und gerade dieser Frage möchten wir noch eine kurze Überlegung widmen, die alle vorherigen Schlußfolgerungen zusammenfaßt.

Nachwort

Zur Realisierung einer Utopie – aber welcher?

Wir haben uns am Anfang dieser Ausführungen vorgenommen, die verlockenden Klippen der *science fiction* zu umschiffen. Wir verfügen nämlich heute über eine genügende Anzahl von „harten" Tatsachen, um die gesellschaftliche Entwicklung einiger Jahrzehnte voraussehen zu können, ohne uns auf Phantastik einzulassen. Selbstverständlich kann sich eine solche Voraussicht, wie wir mehrmals unterstrichen haben, nur in der Gestalt von Hypothesen ausdrücken mit eventuellen Alternativlösungen für die Probleme, die auf die Menschheit zukommen werden. Denn die Entwicklung wird keineswegs glatt verlaufen; im Gegenteil – es werden Konflikte auftreten, deren Lösung immer von den Entscheidungen und der Tätigkeit des Menschen abhängen wird. Und die Richtung, welche diese Tätigkeit annehmen wird, läßt sich – sei es nur mit Rücksicht auf die große Zahl der in Frage kommenden Variablen – nicht eindeutig festlegen. Anders verhält es sich mit den Problemen selbst und mit den Tatsachen, die ihre Grundlage bilden – darüber kann man sich eindeutig aussprechen.

Eindeutig kann auch festgestellt werden, daß die zweite industrielle Revolution in den Industrieländern zu einer Gesellschaft führt, die sich durch einen in der Geschichte nie dagewesenen Wohlstand der gesamten Bevölkerung auszeichnet (ohne die strukturell Arbeitslosen auszuschließen) und gleichzeitig einen in der Geschichte unerhörten Gipfel des Wissens von der Welt erreichen wird. Sicher ist ebenfalls, daß die Welt dank der Informatik eine einzige, eng miteinander verbundene Gesamtheit bilden wird, in der alle großen Probleme *globalen* Charakter annehmen. Es genügt, diesen allgemeinen Feststellungen konkreten Charakter zu verleihen – was möglich ist, ohne nach den Wolkenschlössern der Phantasie zu greifen –, um eine derart märchenhafte Welt zu erblicken, daß sich die Grenzen zwischen der nüchternen wissenschaftlichen Analyse und der *science fiction* verwischen. Aus der heutigen Perspektive betrachtet, erscheint uns wirklich eine Welt der *science fiction*, selbst wenn wir nur das auf den Bildschirm werfen, was wir über die Entwicklung der Technik in den kommenden Jahrzehnten mit wissenschaftlicher Präzision aussagen können, und nur das berücksichtigen, was sich schon heute auf den Zeichenbrettern der Projektanten verschiedener großer Institutionen befindet. Fügen wir noch den Beschleunigungsfaktor hinzu: das heutige Entwicklungstempo ist schon an sich das Element einer phantastischen Welt. Und man muß sich vor Augen halten, daß alles, was wir als Futurologie bezeichnen, für die heute geborenen Kinder, ja selbst für die heutige Jugend, schon Realität sein wird.

Früher sprach man nicht von *science fiction*, sondern von *Utopie*. Sie spielte die Rolle eines gesellschaftlichen Modells, dessen Unrealität häufig akzeptiert wurde. Heute leben wir in einer Zeit, in der Utopien realisiert werden; wir können die nahende Informatik-Gesellschaft als *realisierte Utopie* behandeln. Obwohl aber ihre technologische Seite und die Wunder der Automatisierung und Informatik durchschaubar sind, die weit über die Möglichkeiten der Phantasie von Autoren der *Märchen von Tausendundeiner Nacht* und ähnlicher Traumpoesien hinausgehen, so bleibt das Problem der gesellschaftlichen Qualität der von uns realisierten Utopie offen: Wir realisieren eine Utopie, nur *welche?*

Glücklicherweise ist diese Frage immer noch offen; in dieser Hinsicht ist noch nichts entschieden. Auf Grund unserer Überlegungen in diesem Buch wissen wir, daß wir im Zusammenhang mit allen durch die gesellschaftlichen Folgen der gegenwärtigen industriellen Revolution (oder falls jemand die andere Bezeichnung vorziehen sollte: der wissenschaftlich-technischen Revolution) gestellten Fragen überall mögliche, häufig konfliktgeladene Alternativlösungen zu erwarten haben, und konnten feststellen, daß die Auswahl zwischen den Gliedern dieser Alternativen von den Menschen getroffen werden muß. Die Zukunft öffnet sich uns nicht als ein von der Entwicklung der Technik determiniertes Fatum, sondern als etwas vom Menschen Geschaffenes. Auf der Bühne agiert der während der ganzen historischen Entwicklung präsente *Homo autocreator*, der Mensch, der sein Schicksal selbst erschafft. Er kann diesem Schicksal zwar nicht in willkürlicher Weise Gestalt geben, aber unter bestimmten Bedingungen und in Übereinstimmung mit ihnen kann er im Rahmen der sich ihm darbietenden Alternativen frei wählen. Für die Philosophen, die sich zur »unbeschränkten Freiheit« der Gestaltung der eigenen Geschichte, des eigenen Schicksals durch den Menschen bekennen, ist das wenig. Dieser Glaube ist aber nichts anderes als eine Fiktion, wie sie nur die philosophische Phantasie erfinden kann. Die Möglichkeit der Wahl zwischen Alternativlösungen ist jedoch sehr viel für jene, die die Wirklichkeit nicht nur als Phantasiegefüge auffassen, sondern im *Homo autocreator* einen Menschen von Fleisch und Blut sehen, der nicht nur den Gesetzmäßigkeiten der Natur, sondern auch der gesellschaftlichen Entwicklung unterliegt.

Und mehr braucht der Mensch nicht, um in dieser Hinsicht effektiv wirken zu können. Die Informatik-Gesellschaft wird die Voraussetzungen für ein glücklicheres Leben der Menschheit schaffen; sie wird die bisherige Hauptursache der schlechten Qualität des Lebens der Massen von der Tagesordnung streichen: das Elend oder zumindest die Entbehrung; sie wird Möglichkeiten für eine volle Selbstverwirklichung der menschlichen Persönlichkeit schaffen, indem sie den Menschen von der schweren körperlichen Arbeit, von der abstumpfenden Monotonie wiederholbarer zerebraler Beschäftigungen befreit, indem sie ihm die für seine Entwicklung notwendige Freizeit und einen ungeheuren Fortschritt des Wissens zur Verfügung stellt: alles, was die Grundlage eines glücklicheren Lebens bildet, wird dem Menschen gegeben werden. Alles übrige hängt von ihm selbst ab, von seiner individuellen und gesellschaftlichen Tätigkeit. Ganz besonders von der letzteren, und deswegen richten wir in diesen Schlußbetrachtungen unser Augenmerk gerade auf sie.

Der Charakter des Individuums, sein gesellschaftlicher Charakter und als deren Folge die Vision, die ihm als Ziel seines Lebens vorschwebt, ist immer ein gesellschaftliches Gefüge und hängt vom Wertsystem ab, das die Gesellschaft ihm übermittelt. Der *Homo autocreator* ist der Schmied seiner eigenen Geschicke und seines Lebens, aber nur als *gesellschaftliches* Individuum, als von der Gesellschaft geschaffene Persönlichkeit. Dabei ist die Gesellschaft auch nichts anderes als ein vom Menschen geschaffenes kompliziertes Netzwerk gegenseitiger Einflüsse und Bedingtheiten, ein Geschöpf der Menschen.Aber auch das menschliche Individuum ist das, was es ist: Es ist in seiner Entwicklung – durch Erziehung, Sprache, persönliche Vorbilder, Wertsysteme, Stereotypen usw. – mit der Gesellschaft verbunden und durch die von ihm im komplizierten Netzwerk gesellschaftlicher Beziehungen eingenommene Rolle untrennbar mit ihr verknüpft.

In diesem Sinn ist der Mensch immer ein Bündel gesellschaftlicher Beziehungen, und es ist das große Verdienst von Karl Marx, daß er diese Wahrheit als erster wahrgenommen und ausgesprochen hat. Der Mensch ist keineswegs in seinen Entscheidungen *absolut* frei. Er kommt nicht als unbeschriebenes Blatt auf die Welt, im Gegenteil: von unserer *Geburt* an sind wir alle durch die komplizierten und in Fülle vorhandenen Aufzeichnungen unseres genetischen Kodes determiniert. In seiner weiteren Entwicklung wird der Mensch nicht weniger stark als durch seinen genetischen Kode, der ihn als Individuum auszeichnet, durch den von der Gesellschaft übernommenen *Kulturkode* bestimmt, wie das François Jacob treffend bezeichnet hat. Der Mensch ist also keine *tabula rasa;* er ist Träger von doppelten Aufzeichnungen: des genetischen und kulturellen Kodes, zwischen denen es zu komplizierten Verknüpfungen, gegenseitigen Beziehungen und sogar Konflikten kommt. Unser *Homo autocreator* ist nicht souverän, er ist keine imaginäre »absolut freie« Persönlichkeit, die willkürlich handeln kann; er ist eher ein *de nomine* souveräner konstitutioneller Monarch, dessen Hände die Verfassung bindet (in unserem Fall sogar zwei Verfassungen). Und dennoch ist er frei, sei es auch nur im Sinn der Freiheit als verstandener Notwendigkeit, wie das manche philosophischen Schulen formulieren. Wenn der Mensch nämlich die Einschränkungen seiner Freiheit versteht, kann er sie überwinden, jedenfalls in der Bedeutung, daß die Notwendigkeit sich ihm als Alternative entgegenstellt, zwischen deren Gliedern er in seinem Handeln wählen kann. Dazu ist er sicherlich fähig, und darum geht es uns in der Situation, die uns hier interessiert. Um aber eine solche Wahl bewußt treffen zu können, muß der Mensch ihre Möglichkeit kennen und sich über die Folgen seines Handelns klar sein. Und hier erscheint aufs neue die Gesellschaft auf der Szene in ihrer organischen Verknüpfung »Individuum – Gesellschaft«, mit der wir es die ganze Zeit zu tun hatten.

Selbstverständlich kann sich der Mensch dieses Bewußtsein auf Grund eigener Überlegungen aneignen – doch ist das nur bei schöpferischen Individuen der Fall und kommt recht selten vor. Normalerweise muß dieses Bewußtsein in den Geist der Menschen »von außen« hineingetragen werden. Eine solche Tätigkeit läßt sich als Agitation, als Propaganda im besten Sinn des Wortes bezeichnen. Und damit leiten wir zum Schlußakkord unserer Betrachtungen über.

Wenn wir die Bedeutung der schon heute vor sich gehenden Veränderungen berücksichtigen, die in den kommenden Jahren immer intensiver in Erscheinung treten werden in dem Maße, wie die Informatik-Gesellschaft ihr Reifestadium erreicht, können wir die ganze ungeheure Verantwortung – sowohl politisch wie moralisch – erfassen, die mit der Aufgabe verbunden ist, dem menschlichen Geist das Bewußtsein des notwendigen Handelns einzuprägen. Diese Verantwortung müssen jene gesellschaftlichen Kräfte übernehmen, welche die Menschenmassen auf die eine oder andere Weise organisieren und die ihr Vertrauen genießen. Ich denke dabei an die fortschrittlichen politischen Parteien, vor allem die Arbeiterparteien, die Gewerkschaften, doch auch an die großen religiösen Bewegungen, die sich notwendigerweise mit sozialen Fragen befassen. Dabei läßt sich bisher fast keine Spur einer solchen Einwirkung feststellen, obwohl es schon spät ist und wir uns in äußerster »Zeitnot« befinden, um das noch einmal in der Terminologie von Schachspielern zu sagen. Eine rühmliche Ausnahme ist hier ein kirchliches Dokument: die Enzyklika *Laborem exercens* des Papstes Johannes Paul II. Um aber diese – dringend notwendige – Aktion aufnehmen und ausüben zu können, müssen diese Parteien und gesellschaftlichen Kräfte selbst das neue Geschehen verstehen lernen und internationalisieren, müssen sie sich von den traditionellen Schablonen in ihrer Tätigkeit befreien. Nur dann werden sie ihre Aufgabe erfüllen können. Die Gefahr, daß all ihre Tätigkeit andernfalls zum Anachronismus wird, ist groß – und um so bedrohlicher, da die Winde der Geschichte immer stürmischer wehen.

DER AUTOR

Adam Schaff, 1913 geboren. Studierte in Lemberg und absolvierte die Ecole des Sciences Politiques et Economiques in Paris. 1945 Doktorat der Philosophie in Moskau. Nach dem Krieg Lehrstuhl für Philosophie in Lodz, seit 1948 in Warschau. Mitglied der Polnischen Akademie der Wissenschaften, 1951 Direktor des Instituts für Philosophie und Soziologie an der Akademie. Derzeit, neben seiner Arbeit an der Polnischen Akademie der Wissenschaften, Lehraufträge im Ausland, unter anderem in Wien. Nicht zuletzt als Folge seiner Veröffentlichungen über die Lage des Weltkommunismus (*Die kommunistische Bewegung am Scheideweg*, Europaverlag 1982) und Polens (*Polen heute*, Europaverlag 1984) wurde er im Sommer 1984 aus der KP Polens ausgeschlossen.

DER CLUB OF ROME

Am 6. und 7. April 1968 kamen fünfzehn Wissenschafter auf Einladung von Aurelio Peccei in der Accademica dei Lincei in Rom zusammen, um Gedanken über »die globalen Probleme unseres Planeten« auszutauschen. Thema und Erkenntnis dieser Konferenz waren, daß alle Probleme der Gegenwart nicht einzeln, sondern immer nur im globalen Zusammenhang, als »Weltproblematik«, gesehen werden können. Bereits die ersten in Auftrag gegebenen Berichte – *The limits to growth* von Dennis Meadows (*Die Grenzen des Wachstums,* 1972) und *Mankind at the turning point* von Mihajlo Mesarovic und Eduard Pestel (*Menschheit am Wendepunkt,* 1974) – sorgten, in einer Zeit des noch ungebremsten Wachstumsoptimismus, für weltweite Diskussion. Die weitere Arbeit setzte sich mit der »Weltordnung« (Jan Tinbergen, *Der Nord-Süd-Dialog,* 1977), mit der Vergeudungswirtschaft (Dennis Gabor und Emilio Colombo, *Das Ende der Verschwendung,* 1976), Problemen der Ernährungssituation und den sozialen Auswirkungen der Mikroelektronik (*Auf Gedeih und Verderb,* Europaverlag 1982) auseinander.
Der Club of Rome ist ein Zusammenschluß nach Schweizer Recht, die Zahl der Mitglieder darf einhundert nicht überschreiten. Seit dem Tod Aurelio Pecceis ist Alexander King Vorsitzender des Vorstandes.